JN436964

선우명수필선 39

가면서 같이 가자

국립중앙도서관 출판예정도서목록(CIP)

가면서 같이 가자 : 하길남 수필선 / 지은이: 하길남. — 서울 : 선우미디어, 2017
p. ; cm. — (선우명수필선 ; 39)
ISBN 978-89-5658-491-1 04810 : ₩5000
ISBN 978-89-87771-09-0 (세트) 04810
한국 현대 수필[韓國現代隨筆]
814.7-KDC6
895.745-DDC23
CIP2017002495

선우명수필선·39

가면서 같이 가자

1판1쇄 2017년 7월 5일
지은이 하길남
발행인 이선우
펴낸곳 도서출판 선우미디어
등록 1997. 8. 7 제 305-2014-000020호
02643 서울특별시 동대문구 장한로12길 40, 101동 203호
(장안동 우성3차아파트)
☎ 2272-3351, 3352 팩스: 2272-5540
sunwoome@hanmail.net

값 5,000원
※ 잘못된 책은 바꿔 드립니다.
※ 저자와의 협의하여 인지 생략합니다.

ISBN 978 89-5658-491-4 04810
ISBN 978-89-87771-09-0 (세트)

선우명수필선 39

가면서 같이 가자

하길남 수필선

선우미디어

머리말

수필을 잘 쓰려고 하니, 시를 공부해야 했다. 수필 속에 시가 인용되는 경우를 보면 시에 일가견이 있어야 하기 때문이다. 어디 그 뿐인가 평론 공부도 해야 하는 것이 아닌가. 내가 쓴 수필이 얼마나 잘 되었는지 스스로 평가할 줄 알아야 하기 때문이다.

그래서 수필과 시 그리고 문학평론까지 등단하게 되었다. 이제는 지나간 이야기가 되었지만, '한 사람이 세 가지를 다 한다니.'하고 수군거리는 때도 없지 않았다.

이러한 처지라, 대학에서 문학을 가르치다가 정년퇴직을 하고 지금은 수필창작론을 가르치고 있다. 뿐만 아니라, 나는 한 때 대학에서 시론도 가르쳤다. 그것이 모두 수필을 수필답게 잘 쓰기 위한 포석이었던 셈이다.

스스로 나 자신에게 만족한 사람이 되자 하는 것이 나의 인생관이라면 인생관이라 하겠다. 내 수필이 나를 만족시킬 수 있을 때까지 공부하자는 것이 나의 포부다.

선우명수필선의 위상을 위하여 나는 또 얼마나 더 노력해야 할 것인가. 그것이 또 나의 목표가 될 것이다. 선우미디어 가족 여러분에게 깊은 감사를 드린다.

201년 정초

하길남

차례

3부 행복론

1부

검은색

가면서 같이 가자

이제 나이 들어서 그런지 가끔 실수를 하게 된다. 선덕여왕을 성덕여왕이라고 표기했다거나, 역시 평강공주를 낙랑공주라고 표기한 것 등이 그것이다. 오자 같은 것은 봐줄 수 있겠지만, 공주 이름이 바뀐 것 등은 참으로 큰 실수가 아닐 수 없다 하겠다. 이렇게 오자 아닌 실수를 하게 되는 것은 역시 나이 탓만은 아닐는지 모를 일이 아닌가. 어쩌면 성격 탓도 있었는지 모른다는 생각까지 든다. 물론 시간에 쫓기는 탓도 없지 않을 것이다. 그래서 나는 지금 컴퓨터 옆에 "철자법 점검 및 사실 확인"이란 글귀를 써서 붙여놓았다. 실수를 막자는 취지다.

오자쯤이야 애교로 봐줄 수 있을 것이다. 성경에도 오자가 있다니 말이다. '부자가 천당에 들어가는 것은, 낙타가 바늘구멍에 들어가는 것만큼 어렵다'는 말은 사실 '밧줄이 바늘구멍에 들어가는 것보다 어렵다'는 말을 잘못 표기한 것이라고 하니 말이다. '낙타가 바늘구멍에 들어간다'는 말은 이치에 맞지 않는 말이란 것은 누구나 알 수 있다. 밧줄이라면 어느 정도 이해가 간다 하겠다. 사실상 밧줄도 크게 보아 실의 일종이라고 할 수 있으니 말이다.

이 오자에 대한 일화는 많다. 진시황의 아버지 여불위가 전국의 학자들을 모아 춘추전국시대를 세밀하게 분석하는 책 ≪여씨춘추(呂氏春秋)≫를 짓게 했다. 여불위는 26권 20만자가 넘는 이 책을 함양의 성문 앞에 늘어놓고 "이 책에서 한 자라도 고치는 사람이 있다면, 천금을 주겠다."고 큰소리쳤다. 권력자로서 자기 과시, 무오류의 자신감이었을 것이다. 그 후 누군가 상담을 받았다는 기록은 없다.

2008년 뉴욕타임스는 48년 전 오류를 바로잡아 '고침란'에 실었다. 1960년 4월 28일자에 현대판 '로미오와 줄리엣'인 뮤지컬 '웨스트사이트 스토리'의 출연진을 소개하면서 배우 '조지 라이커'를 '조지 존슨'이라고 잘못 썼다고 밝혔다.

실수는 누구나 하게 되는 것이다. 우리가 잘 아는 석학 양주동 선생의 실수 아닌 실수담을 읽어본 일이 있다. 수업시간에 한 학생이 "선생님, 서양 사람들은 왜 우리보다 얼굴이 흽니까?"하고 물었다. 그때 양주동 선생은 "글쎄, 아마 풍토 탓일 걸세. 미국의 수도 이름이 '백악관(白堊館)'이 아닌가. 흰 백 자를 쓴 걸 보면 말이다." 하고 대답한 것이 본인도 사실상 꼭 맞는 말인지 자신이 없다고 수필에 쓴 것을 읽었으니 말이다.

그렇다. 나에게는 가슴 아픈 실수, 그런 사연이 있다.

젊었을 때였다. 여름방학을 맞아 나는 친구 따라 시골집에 같이 놀러갔다. 가보니 그에게 예쁜 여동생이 있었다. 우리는 매일 같이 놀았다. 한번은 친구 집에서 고기를 잡으려 간다기에 따라나섰다. 한참 강가에서 같이 고기를 잡고 있는데, 난데없이 맑은 하늘에 먹구름이 몰려오더니 비가 쏟아지기 시작했다. 우리는 가까운 집에 들어가서 아주머니에게 군불을 좀 지펴달라고 부탁을 했다. 비에 젖은 옷을 말릴 요량이었다.

우리는 젖은 옷을 벗어서 방바닥에 깔았다. 모두들 최소한의 옷만 입은 채, 거의 벌거숭이가 되었다. 그 집에서 점심을 시켜먹고 비가 개인 뒤에 집으로 돌아오는 등, 방학이 다 갈 동안 나는 그녀 집에서 신세를 졌다. 하루의 일과가 거의 그녀와의 산책이 아니면, 문학 이야기나 철학자 흉내를 내는 등 우리는 오누이처럼 마냥 즐겁게 놀았다.

그런데 한 번은 친구 아버지가 조용히 나를 불렀다. '옥경이가 이웃 청년들로부터 괴롭힘을 좀 당하고 있는 모양이야. 그들을 만나서 잘 설득해 주게. 나와는 장래가 약속된 사람이라고 말이야.' 하고 나의 표정을 유심히 살폈다. 그리고는 다음날부터 뭔가 그 집안사람들이 나에게 대하는 태도가 좀 달라진 것 같은 느낌이 드는 것이 아닌가. 그 후 방학이 끝나 나는 집으로 돌아오고 말았다. 그리고는 차일

피일 그 일도 점점 잊혀져가고 있었다. 사실상 그 당시 결혼이란 먼 장래의 일처럼 나에게는 실감이 나지 않았던 것이다. 내가 남보다 훨씬 만혼을 한 것을 보면 짐작이 가는 일이다.

그러나 이 실수의 변은 끝내, 내 삶에 하나의 교훈이 될 것은 말할 필요도 없는 일이다. 내가 이승을 살아가는 동안 늘 같이 동행해야 할 채찍일 것이니 말이다. 그래, 우리 늘 가면서 같이 가자.

사랑이여, 울 일을 좀 찾아보아라
이승이 산 사람을 어찌 잊어라 하겠는가
저승에 숨겨둔 말 한 마디
살아서는 잊어라 벼락은 치는데
못 잊겠다는 원죄를 하늘에 갚으리라
우리, 먼 훗날 신선이 되어 다시 만나거든

그동안 세월이 얼마나 흘렀을까. 나는 먼눈만 팔면서 살아왔다. 그 사이, 어느 날 문득 그녀가 머리를 깎고 출가했다는 소식을 듣고, 나는 '떠남이여, 만남을 위해 기도하라.' 하고 마음속으로 외치면서 밤길을 끝없이 걸었다. 그 이튿날 나는 정신없이 그녀가 살았던 시골집 부근과 고기를 잡았던 강가, 그녀와 즐겨 거닐었던 반월성, 안압지, 계림 등

고적지를 둘러봤다.

밤늦게 돌아오는 차속에서 계속 눈물이 빈 몸을 흔들었다. 죽기 전에 몇 번 더 그 곳을 찾아가 볼 것이다. 울고 가는 실수의 뒷모습이 깊은 잠에 들 때까지.

꿩 발자국

≪해체시대의 시 쓰기≫라는 책을 읽다가, 문득 '오늘은 오늘 할 일만 생각하자.'는 마음이 들었다. 그렇다면 지금은 '지금 할 생각만 하면 될 것이 아닌가.' 그러고 보니 사실상 생각할 일이 별로 없었다.

새해에 즈음하여 나는 '감사합니다. 고맙습니다. 사랑합니다.' 라는 말을 실컷 해야겠다고 생각했다. 매양 그런 생각을 하면서도 사실상 실천을 잘하지 못했다. 다른 어떤 일보다 귀하고 필요하고 쉬운 일을 왜 잘 실천하지 못하는가.

새해 아침에 내가 잘 아는 이들의 얼굴을 떠올리면서, '고맙습니다. 사랑합니다.' 하고 들릴 듯 말 듯한 소리로 계속 중얼거려 보았다. 그리고 특별히 살갑게 지내지 못한 분에게는 무릎을 꿇고 진심으로 오래오래 그의 건강과 안녕을 위해 기도를 올렸다. 그 때 마음이 뿌듯해지는 것이 아닌가. 비로소 내가 나에게 만족할 수 있다는 느낌이 들었다. 내가 나를 만족시킬 수 없다면, 나는 나 자신에게 늘 신세를 지는 괴로운 짐이 될 수밖에 없을 것이다.

어느 행사장에서였다. 이야기를 끝내고 차를 몰고 나오는데, 온몸으로 차를 가로막으면서 소리치는 이가 있었다. '선생님! 사랑합니다.' 그 소리를 너무 오래 묵혀둘 수가 없어, 신년을 맞아 빚을 갚는다는 생각으로 이 글을 쓰기로 했다. 그리고 잠시 화분에 물을 준다. 그들도 함께 챙기고 싶어졌기 때문이다. 먼 산도 하늘도 한번 쳐다본다. 가슴을 펴고 심호흡도 해본다.

세기의 연애편지라고 일컬어지는, 시라노가 록산에게 보낸 편지라도 여기에 비길 수 있겠는가.

'이제 내 전체가 당신의 손 안에 담겨 있습니다. 이 글은 제 살이고, 잉크는 제 피입니다. 이 편지는 제 자신입니다. —사랑하는 록산.'

미국의 아서 애론 교수는, 평생 한 사람의 배우자만을 영원히 사랑할 수 있는 백조와 같은 사랑을 예찬하고 있지 않는가, 그래 미국에 갔을 때도 그러했다. 나를 초청한 집에서 아침식사를 하려는데, 밥상에 밥 외 떡과 호박죽 한 그릇이 같이 놓여있는 것이 아닌가.

"글쎄, 아침식사에 세 가지씩이나?!" 하고 놀랐더니, "선생님께서 좋아하시는 것이라서…." 하다말고 말꼬리를 돌리는 것이었다. 내 식성까지 알아두었다니 놀라운 일이 아닌가.

그 집에는 기둥마다 시를 써 붙여놓고 있었다. 거실에 앉아 늘 시를 읽는 것이 일과처럼 되었다고 한다. 그래서 나도 짧은 시 한 편을 써놓고 왔다. 평생 동안 시를 벗 삼아 살아온 이들은 사람의 마음까지 읽을 수 있는 것이리라.

하루에 두 시간씩 이틀 동안 이야기를 마치고 나니, 그 다음 주일까지 그랜드캐니언 등 미국에서 이름난 관광지를 두루 구경시켜 주는 것이었다. 일류 호텔에 묵으면서, 호화판 여행을 즐겼다. 이러한 환대에 몸 둘 바를 몰랐다. 어느 분은 사람이 사는데 필요한 것이 이 환대정신이라고 했다. 사실 천당은 사람과 사람 사이에 있다고 한 성직자도 있으니 말이다.

> **발자국을 남기기 위해 꿩이 눈발을 걸어 다니지는 않았을 것이다. 그리고 뚜렷한 족적(足跡)을 위해 온몸에 힘을 주면서 발자국 찍기에 몰두한 것도 아니리라. 꿩조차 제 흔적을 넘어서 날아간다. 저자의 죽음이란 그런 흔적들로부터의 비상이다.**
>
> **—최승호, 〈꿩 발자국〉**

그렇다. 새해에는 묵은해에 쌓였던 온갖 쓰레기들을 다 비워버리고, 새롭게 빈 마음으로 흔적을 넘어서 살아가야 할 것이다.

간장과 신장 등 제 몸에 붙어있는 중요한 내장을 남에게 떼어주고 빈껍데기로 살아가고 있는 김 모 씨라는 사람도 있지 않던가. 이쯤 되면 나는 더 할 말이 없게 된다. 그래, 저기, 장승이 신발을 머리에 인 채, 뒷걸음을 치고 있다.

"누가 괴로운 마음을 가지고 있는가. 그것, 모두 나에게 맡겨다오, 내가 잘 보관해 줄 것이니."

검은색

검은색은 흰색을 비롯하여 노란색은 말할 것도 없고, 모든 색들을 잡아먹어 버리고 마는 폭군이다. '까마귀 노는 곳에 백로야 가지 말라.'고 했으니 말이다. 물론 뒤에 가서 '겉이 검다고 속조차 검을쏘냐.'라고 하여 누명은 벗었지만 억울하긴 마찬가지다. 그러나 뭐니 뭐니 해도 검은색만큼 두루 쓰이는 색도 없을 것이 아닌가 하고 생각해 보게 된다.

세상의 모든 글들은 두루 검은색이 아닌가. 특히 옛날에는 붓으로 글씨를 썼기 때문에 먹물이 없으면 안 되었다. 먹물로 글만 쓰는 것이 아니라, 난도 치고 여러 가지 그림들을 그렸던 것을 생각하면, 다시 한 번 검은색에 대한 고마움을 알만하다 하겠다. 그만큼 중요한 색이다. 사실상 사람에게 있어서도 중요한 곳은 모두 검은색이 아닌가. 눈동자가 그렇고, 눈썹, 머리털 이외 사실상 중요한 곳에는 검은 털로 덮여있는 것을 볼 수 있다. 그래서 가끔 검은색은 억울할 때도 있게 마련이다.

이른바 난데없이 사람들이 '속이 새까맣게 탔다.'고 했을 때가 그렇지 않은가. 어떻게 속이 그렇게 타느냐 말이다. 물론 멍이 들 때에도 새까맣게 된다. 그것들은 어쩌면 사촌 간쯤 될는지 모르지만 말이다. 사실상 어떤 의미에서, 검은색은 기본적인 색이라 해도 좋을 것이다. 승용차나 냉장고, 농 등 가구들은 사실상 처음 나올 때는 대부분 검은색이 아니었던가. 지금은 승용차도 냉장고나 여러 가구들이 다양한 색깔로 변신되어 나오고 있지만 말이다.

내 고향 산천을 오고가는 열차는 두루 검은색이 아닌가. 검은 차가 '칙칙폭폭' 하고 흰색 연기를 내뿜으면서 떠날 때 나는 언제나 고향에 대한 진한 향수를 느끼곤 했다. 여름에 철교 밑 강물에서 물놀이를 하다가 기차가 지나갈 때는 기차를 향해 손을 흔들면서, 눈시울까지 붉히지 않았던가.

어느 시골마을 물가에서 노닐던 검은 나비 한 마리, 누구를 위하여 비상을 멈추지 않는가. 한여름 뙤약볕에서 한철을 울어울어 날을 새우던 매미는 어디서 그 한을 푸는가.

그리고 문득 생각해 보니 죽음, 그 검은 땅속에 묻히는 영원한 망각의 시간 또한 밤과 같은 검은 시간이 아닐까 생각된다. 산 자의 시간이 정열에 넘치는 붉은 시간이라면 말이다. 식물들은 쉬는 즉 죽음과 다시 활동하는 삶의 주기가 따로 있다고 한다. 식물들은 차고 건조한 겨울에는 삶을

'OFF' 시킨다고 한다. 그리고 봄이 되면 다시 'ON' 스위치를 작동한다는 것이다. 개구리 등 생명체가 동면하는 시간들은 아마 검은 시간일시 분명하리라.

검은색에 대한 동시 한 편이 생각난다. UN이 선정한 최고의 동시로 유명해진 〈Black and White〉는 다음과 같이 노래하고 있다.

> 태어날 때부터 피부는 검은색
> 자라서도 검은색
> 태양아래 있어도 검은색
> 무서울 때도 검은색
> 아플 때도 검은색
> 죽을 때도 여전히 나는 한 가지 검은색이랍니다.
> (이하, 생략)

이 세상 모든 편견에 대한 고발을 우리는 여기서 듣게 된다. 백색이나 황색인종이라고 해서 우수한 인종은 아니다. 사람이 늙어서 검은 머리가 백발이 되고 보면 남들에게 좀 젊게 보이기 위해 머리를 염색하는 이들을 가끔 보게 된다. 사실 나 자신도 예외는 아니다. 그렇듯 검은색이 유세를 떠는 경우는 비단 머리뿐만이 아니다. 이른바 해삼 창자요리는 또 얼마나 검은가. 그러나 일급 요리로 정평이 나있는 것이 아닌가. '검은 고양이 네로 네로'라는 노래도 있고 보면, 참으로 검은색도 많은 사람들에게 사랑을 받고 있다는 것을 알게 된다.

밀림에서 원시상태로 살고 있는 레오족들이 눈 주위나 얼굴에 바르는 검은색깔의 선율들은 또 얼마나 아름다우면서도 섬뜩한가. ≪희망의 귀환≫이라는 책의 저자 차동엽 선생은 희망의 번짐의 법칙을 황홀하게 관조하다가 시 한 점에 봉인해 두었다고 했다.

점.

점 점.

창호지에 먹물 한 점.

짜—아—악.

'검은 머리 파뿌리가 될 때까지'란 물론 하나의 상징이지만, 꽃 중에 유독 검은 꽃은 없다고 한다. 그러나 유실수 중에는 검은 오디가 있지 않는가. 검은 숯덩이는 공기를 정화하고, 석탄은 에너지원이 된다. 지금 땅에 묻혀도 썩지 않는다는 검은 비닐이 세상을 덮고 있는 형국이어서 걱정도 된다.

'검은 구름 하늘을 가리고 우리의 이별의 날은 왔도다.'라는 부정적인 노래도 없지 않지만, 구름은 걷히기 마련이고,

비온 뒤라야 무지개가 빛난다고 하지 않았던가. 부싯돌은 몸이 으깨지도록 부딪쳐야 불이 나는 것이다. 역시 암흑은 광명을 위해서 있다는 것을 알게 된다.

감사의 윤리

이 수필의 제목 〈감사의 윤리〉란 말은 내가 생각한 것이 아니다. 수필 한 편을 쓰려고 자판에 손을 얹는 순간, 생각이 나를 찾아왔을 뿐이다. 참으로 감사한 일이다. 누가 '오늘도 해가 떴으니 감사하다'고 했다. 생전에 박목월 시인은 그러나 내일은 '신의 계획 즉 플랜'이라고 읊었다. 감사할 일을 찾으려면 끝이 없다. 우선 내가 하늘로부터 생명을 받았으니 감사하고, 또 내 눈을 제대로 받았으니 감사할밖에 없다. 장님은 또 얼마나 많은가. 그렇게 생각하면 신체의 각 기관은 말할 것도 없고 정신을 온전하게 받은 것도 두고두고 감사할 일이다. 신체라고 했지만 우리 몸에서 하는 일이 모두 감사한 일 뿐이 아닌가.

예를 들면 방귀를 뀌는 일도 그렇지 않은가. 몸의 독가스 3백여 종을 배설해 준다니 말이다. 배를 째고 수술을 한 이들은 방귀 나오기를 학수고대하게 되는 것이 아닌가. 방귀가 나와야 내장이 제대로 제 자리를 잡았다는 증거가 되기 때문이다. 방귀가 죽느냐 사느냐 하는 신호가 되는 것이 아닌가.

데보라 노빌이 쓴 '감사의 힘'이나, 필립 외킨수 교수 연구팀과 캘리포니아 대학 심리학과는 감사하는 습관이 면역력을 증진시킨다는 사실을 밝혀내기도 했다. 이외에도 감사하는 습관은 스트레스와 면역력과 유머감각 등과 같이 인생에게 있어서 만병통치약과 같은 효과를 가져 온다고 했다. 그래서 포스코 같은 회사에서는 사원에게 감사한 일을 찾아서 쓰라고 교육까지 하고 있는 것이 아닌가. 처음에는 겨우 5,6가지 정도밖에 쓰지 못했으나, 나중에는 10가지 20가지 등 감사한 목록들이 점점 늘어 났다고 한다. 그래서 우리가 사는 일상이 곧 감사로 이루어지고 있다는 것을 체득하게 되었다고 한다. 그렇게 살다 보면 삶이 바로 감사로 이어질 것이 분명하리라. 그래서 에크하르트 톨레는 '현재 순간에 감사하면 삶의 영적인 차원이 열리게 된다.'고 말하고 있는 것이다.

그래, '감사는 바로 운명'이라고 할 만하리라.

눈물 꽃

나폴레옹의 송곳니가 삼천만 원에 팔렸다 한다. 4대째 보관해 왔다니 매우 귀한 것임을 알게 된다. 그렇게 귀하다 해도 나 자신보다 더할 순 없다. 죽을 때 나를 따라올 수는 없으니까. 그러고 보니 업(業)이 송곳니보다 더 귀한 것을 알게 된다. 죽음에까지 나를 따라오니 말이다. 불란서의 철학자 레비나스는 ≪타인의 얼굴≫이라는 책에서 '사람은 타인을 위한 존재'라고 했다. 그렇다면 타인은 나보다 더 귀한 존재가 아닌가. 이를 환대정신(歡待精神 ; hospitality)라고 했다. 한마디로 사랑의 정신이라 하겠다. 철학자 칸트가 '어떠한 상황에서도 사람은 수단 아닌 목적으로 대해야 한다.'고 정언명령(正言命令)을 내린 것처럼 말이다.

일본에서는 금년을 상징하는 한자로 애(愛)를 꼽았다. 한 해가 사랑의 힘으로 넘쳤다는 것이다. 신은 사랑이다. '신(神)의 손' 그렇다. 아르헨티나의 축구신동 마라도나는 손으로 공을 넣어도 심판이 발견하지 못하기 때문에 신의 손이라고 했다. 그렇다면 세상의 신도 역시 귀한 것을 알게 된다. 우리나라에서는 상화하택(上火下澤)을 꼽았다. '서로 이반하고 분열하였다'고 했다. '사랑 애(愛) 자' 하고는 너무 딴판이 아닌가. 왜 그랬을까.

세조(世祖)가 조카인 단종(端宗)을 죽이고 왕위에 올라 이를 선왕들에게 고하니 문종의 위폐가 '이놈' 하고 소리치면서 세조에게 침을 뱉었다. 그 침이 튄 자리에 등창이 돋아나서 온몸에 번졌다. 이 때문에 그가 죽을 때까지 고생한 것을 우리는 알고 있다. 말라르메는 '인체에 손을 올려놓는 것은 하늘을 만지는 것과 같다.'고 했는데, 그는 하늘과 사람의 뜻을 깨친 모양이다.

미국에서는 개도 사람들을 즐겁게 하기 위해 '더 징글 도그스(보컬그룹)'를 구성하여 개들의 앨범 〈킹 오브 더우프〉라는 두 번째 음반까지 냈다고 하지 않던가.

여기까지 쓰고 나서 잠시 쉰다. 창문을 열고 바깥바람을 쐬면서 눈을 들어 먼 산을 바라본다. 심호흡을 한다. TV에서 명화 ≪원탁의 기사≫도 감상했다. 그러다 문득 생각이 났다. 그 환대정신은 저리가라 하는 우리네 일화가 있는 것이 아닌가.

어느 스님이 개울가를 지나다가 아이들이 개구리를 여러 마리 잡아놓고 가지고 노는 것을 보았다. 그는 그것을 모두 돈을 주고 사서 놓아주었다고 자랑을 했다. 그러자 큰스님은 '헛헛, 개구리는 다 천당가겠지만 너는 지옥 가겠네.' 하고 말하는 것이 아닌가. 이 말을 들은 스님은 '저는 좋은 일을 했는데 어찌 지옥에 떨어집니까?' 하고 물었다. 그렇다. 우리 조상들은 자랑하는 죄까지 경계했던 것을 알 수 있다.

밀양에 갔을 때였다. 나를 보자마자 그는 '여동생이 죽었다'면서 나를 붙들고 큰소리로 흐느껴 울었다. 영문을 몰라 어리둥절하고 있는 데 사진과 노트 한 권을 갖고 와서 내어놓았다. 놀랍게도 그 일기장의 대부분은 나에 대한 이야기로 장식되어 있었다. 그녀는 눈을 감으면서 유언을 했다 한다. 언젠가 기회가 되면 이 일기장을 나에게 꼭 보여주라고. 우리가 어렸을 때 일본에서 같이 이웃에 살았다. 그들은 해방 후 고향에 돌아와서 살았지만, 나는 가족을 따라 경주와 마산 등지에서 살게 되었다.

한 번은 겨울 방학 때 고향에 갔다. 며칠간 놀다가 마산으로 돌아오는 길에 밀양역에서 차 시간을 기다리고 있었다. 그때 그녀가 헐레벌떡 달려와서 나에게 가죽장갑을 전해 주고는 홍당무가 된 채 그냥 줄행랑을 놓고 말았다. 지금 생각하면 이해가 잘 가지 않는다. 그 당시에 가죽장갑을 쉽게 구할 수 없었다고 기억되는데, 어디서 구했는지 혹시 외제는 아닌지 요량이 서지 않는다.

너는 어디 갔나 어디에 있나/ 유달리 속눈썹이 짙었던/ 키다리

아가씨야// 살아서 말 한마디 없이 너는 지금 어디에 있나/ 산길 굽이굽이 3십리를 돌아/ 네가 전해준 장갑 한 켤레/ 오늘 너를 보듯 내어 보나니/ 너는 어디 갔나 어디에 있나// 나만 보면 홍당무가 된 채 돌담 아래 숨어버리던/ 볼이 곱던 아가씨야/ 배꽃마당에 멍석을 깔아놓고/ 옛 이야기에 날이 새던 날/ 솜씨껏 밥상을 차려 나를 불러주었지/ 밥상머리에 새 신부처럼 다소곳이 앉아/ 밥숟갈 위에 김치며 간 갈치/ 이름 모를 나물들을 얹어주던/ 보조개가 귀여웠던 아가씨야/ 너는 지금 어디 갔나, 어디에 있나// 빛바랜 일기장 속에 숨이 떨어지듯 꼬불꼬불 기어간 너의 발자취/ 꿈에 꼭 한번 보았는데 기도했다고/ 가끔 꿈에라도 보게 해달라고…

나는 더 옮기지 못하겠네. 이번에 고향에 가게 되면 꼭 한번 네 무덤에 찾아가서 위에 쓴 헌시를 바치고 술 한 잔을 올리겠네.

세상은 신의 손도 귀하고 사람의 송곳니도 귀하다 하겠지만, 살아서 흘러보는 눈물 한 방울. 네 무덤 위에 '눈물꽃' 한 송이 피어나면은.

때리면 아프잖아

얼마를 더 살고 가느냐 하는 것보다 얼마나 값있게 살고 가느냐 하는 것이 더 중요하다고 우리는 배웠다. 그러나 사실은 이 값있다는 것이 사람에 따라 모두 다르니, 늘 문제가 된다. 남태평양 부근 어느 섬에 사는 사람들에게는 아버지나 어머니, 아들, 딸 등 육친(肉親)에 대한 언어가 없다. 성이 두루 개방돼 있어 누가 누군지 촌수를 따질 수 없기 때문이다. 먹을 것도 대부분 자연에서 얻어오고, 사는 집도 나무와 풀로 얼기설기 얽은 자연 그대로다. 그러니 사실상 부족함이 없는 셈이다. 이런 만족 속에는 죄가 없다. 모두 천당 갈 사람들이니 병도 없다고 한다.

어느 가장은 아침에 집을 나와서, 4인 가족이 먹을 밥값을 못 벌면 집에 들어가지 않는다. 모자라는 돈은 피를 판 돈으로 보탠다. 그런 까닭에 미리 물을 마셔 배를 채워둔다. 혹 피가 묽어지지나 않을까, 양심의 가책을 이기지 못하면서도 이 일을 되풀이하게 되는 것은 목구멍이 포도청

이기 때문이다. 하지만 이제 우리도 보릿고개를 넘겨, 명줄은 이을 정도가 되었으니 어디 마냥 욕심에 코만 꿰고 있을 것인가.

욕심이라면 전쟁이라도 터져야지. 그래야 군수공장도 살고, 전후 복구사업에 기업체라도 참여시키게 된다. 선거자금을 생각하면 말이다. 그러나 철이 덜 든 우리 약소민족으로서는 그만한 배짱도 못 키운 것이 아닌가.

글쎄, 참으로 철이 덜 든 탓인가. 초등학교 3학년인 옥이는 가끔 학교에서 친구들로부터 맞고 온다. 어머니는 "얘야, 네가 친구들에게 혹시 뭔가 오해가 있는가 보다. 그들에게 살갑게 굴면 원성을 들을 일이 뭐 있겠느냐." 하고 늘 타일러 보내곤 한다. 그러나 이따금 얼굴이 부석부석해서 운 흔적이 지워지지 않은 채, 집에 오는 날이 없지 않았다. 그러니 부모 마음이 어찌 괴롭지 않겠는가. 한 번은 참다못해 화가 난 어머니가 "너는 손도 없고 배알도 없느냐, 남 밥 먹을 때 너는 죽만 먹었느냐, 늘 맞고 오게…." 하고 벌컥 역정을 감추지 못하고 말았다. 그러자 한참을 울먹울먹하던 그녀는 "엄마, 내가 때리면 그 애가 아프잖아!" 하면서 그만 울음을 참지 못하고 흐느끼는 것이었다. 그녀는 친구에게 힘이 부쳐서 맞는 것이 아니었다. 자기가 맞아보니까 대단히 아팠기 때문에, 그 친구가 자기에게 맞아서 아파할 일을 생각하면 차마 손찌검을 할 수가 없었던 것이다. 어른

들은 땅 때문에, 돈 때문에, 명예 때문에, 기름 때문에 이런 저런 구실로 많게는 수수 만 명씩 전쟁이라는 이름으로 서로 죽여 왔다. 제 피를 팔아먹는 일도 양심이 아프고, 친구에게 맞아도 대들지 못하고 마냥 울고 있는 어린이가 있는 세상에서 말이다.

나도 30대에 들어와서 한 바탕 크게 싸움을 벌인 적이 있다. 살기가 몹시 딱해 보이는 분이 어떤 물건을 갖고 와서 좀 사달라는 것이었다. 나에게는 필요가 없었지만, 그의 딱한 사정을 생각해서 그 물건이 필요할 만한 동료 선생들을 찾아 다리를 놓아주려는 속셈이었다. 사무실에 잡상인의 출입이 금지되어 있었기 때문에 내가 나설 수밖에 없었다. 그렇게 주선을 해주다 보니, '행여 그 물건이 싸구려는 아닌지, 또 바가지를 쓰지나 않을까, 그렇게 되면 내 책임이 크지.' 하고 은근히 걱정이 되었다. 그래서 물건을 팔러온 당사자에게 갈 때는 잠시 나를 좀 만나고 가라고 일러놓고, 다른 사무실에 가서 여기저기 확인 전화를 걸고 있었다. 그 사이에 그는 이미 물건 값을 챙겨 돌아갔다는 것이 아닌가.

나는 몹시 괘씸하고 배신감마저 들어 쫓아나갔더니 수위실 쪽으로 가고 있었다. 그를 수위실에서 만나 "애써 도우려고 한 일인데 그럴 수 있느냐, 그것도 한두 번이 아니고." 하니, 오히려 나의 귀까지 당기면서 뺨마저 치려는 기세가 아닌가. 그 뿐이 아니었다. 끝내 은근히 협박조로 나오는 것이었다. 나중에 알고 보니 그는 몇 번의 전과가 있는 심사가 매우 뒤틀린 사람이었다. 그러나 이런 사실을 알 길이 없는 나는 그만 홧김에, 일을 저지르고 말았다. 눈에 보이는 대로 작은 야전삽을 들고, 상처가 나지 않게 그의 등을 뒷면으로 힘껏 후려쳤던 것이다. 그러자 수위들이 소스라쳐 놀랐다. 저 사람은 일 년 내내 전국을 돌면서 그렇게 살아가는 아무도 못 말릴 무서운 사람이라고 했다. 아마도 그가 가만히 있을 것 같지 않으니, 용서를 빌거나 화해를 하라고 다그쳤다. 그리고 정상적인 사람이 아닌 만큼, 엉뚱하게 자기들에게 화풀이를 할는지 모른다고 안절부절못했다. 심지어 어떤 이들은 잠시 몸을 피해, 오늘밤은 여관에 가서 자라고 염려까지 해 주었다.

그러나 난생 처음, 순간적으로 너무나 심한 충격을 받았기 때문에 그만 기가 꺾이고 말았는지, 그 날 이후로 그를 본 사람은 아무도 없었다고 했다. 그는 어느 한 도시에 오면 학교나 관공서 등 여러 곳을 돌면서 한 밑천 톡톡히 마련해간다는 것이다.

나의 평소 같지 않은 이러한 의외의 모습을 보고, '그렇게 순하고 약한 사람이 그토록 무서웠다니 도무지 믿어지지 않는다.'고, 으스스 몸을 떤 사람도 없지 않았다. 이처럼 나는 늘 분노를 잘 삭여내지 못해 지금까지 고생깨나 하고 있는 것이 아닐까 자책하면서 살고 있다.

수필을 쓰는 일은 값있는 삶을 찾아 나서는 길이다. 그렇듯 자기의 값을 만들어 가는 과정이다. 제 울분조차 가누지 못하면서 무슨 글을 쓰겠는가? 육십 세가 된 노신사가 오십구 세가 될 때까지 '나는 그때 아직 철이 덜 들었다.'고 한 말을 다시금 되새겨보게 된다.

이 세상의 모든 종교는 사람다운 사람이 되기 위해 만든 인간적 자기 구원의 목차들이다. 그 구원의 일차적 명제는 진정한 사람이 되는 일이다. 인간은 완성품이 아니라 과정일 뿐이기 때문이다. 인간 악마나 인간쓰레기는 다만 악마요 쓰레기일 뿐, 인간이 아니다. 나는 오늘도 쓰레기에서 벗어나려고 이렇게 발버둥을 치고 있는 것이다. 그 꼬마선녀의 눈물이나, 네 식구의 가장이 팔아야 할 피가 낭자한 벌판에서.

말맵시

몸맵시라는 말은 있어도 말맵시라는 말은 없다. 말도 맵시있게 하면 몸맵시처럼 말맵시라는 말도 성립되지 않을까 싶다. 물론 말솜씨라는 말이 있으니 굳이 그런 말을 만들어 쓸 필요가 없겠다는 생각이 들긴 하지만 말이다. 그러나 '솜씨'보다 '맵시'가 더 정이 간다.

"선생님, 내일 날씨가 몹시 추워질 것이라고 합니다. 옷을 따스하게 입고 외출하십시오." 하는 것이 아닌가. "댁은 누구십니까?" 하고 물으니, "여기는 숙명여대입니다." 하고 전화를 끊는 것이 아닌가. 숙명여대라 아무리 생각해도 마음에 짚이는 사람이 없었다. 이 말을 듣고 나는 깜짝 놀라고 말았다. '아이쿠, 내가 지금까지 헛살았구나. 나는 아직 그렇듯 낯선 사람을 감동시키는 말'을 한 일이 없었으니 말이다. 지금부터라도 남을 배려하면서 사는 정 깊은 사람이 되어야 하겠다고 마음에 다짐을 하게 되었다.

그러나 몹시 궁금한 것은 어떻게 나를 알고 그런 전화를 준 것인가 하는 것이었다. 반평생 넘게 오직 자신만 알고 자신만을 위해 살아왔기에 그런 전화까지 받게 되는 것이 아닌가 하는 생각마저 들었다. 그러나 나중에 알게 된 사연을 이러했다.

여름방학을 앞두고 집에서 읽을 책을 고르면서, 소설집은 부피가 커서 너무 부담이 되고, 시집은 내용이 어렵고, 수필집이 무난하지 않을까 하고 이리저리 도서관에서 서성거렸다. 그런데 마침 분량이 비교적 얄팍한 수필집에 눈이 멈췄다. ≪인어들의 첫사랑≫. 제목이 마음에 들었다. '사랑'이란 말은 언제나 우리들의 관심을 끄는 것이 아닌가. 그런 인연으로 하여 저자인 나에게 전화까지 하게 된 것이란다.

그렇다면 이 수필의 제목을 '인연'이라고 해야 할 것이 아닌가. 하지만 이러한 말맵시는 그녀의 일상적 대화, 그 관습일는지 모른다. 이를 프레임(Frame)이라고 했다. 사람들은 각자 가기가 살아오면서 형성된 경험현상을 바라보면서 판단한다. 즉 자기의 생각 방식을 공식화한 것을 말한다. 이는 어떤 조건에 대하여 거의 무조건적으로 반응하는 경향이 있기 때문에 '마음의 창(窓)'에 비유되곤 한다. 그렇다면 그녀의 마음이야말로 얼마나 아름답게 태어났단 말인가.

이훈범의 ≪세상만사 편력≫에 보면 말에 대한 이야기가

나온다. 옛날 중국 북주(北周)에 하돈이라는 대장군이 살고 있었다. 큰 공을 세웠는데, 받은 상이 적다고 불만이었다. 그래서 조정을 원망하고 다녔다. 그러다가 결국 권신 우문호의 미움을 사 자살을 강요받는 상황에 몰렸다. 후회했지만 돌이킬 수 없는 상황이었다. 목숨을 끊기 전에 그는 아들 하약칠을 불러 말했다. "나는 혀 때문에 죽는다. 잘 기억해 두어라."면서 송곳으로 아들의 혀를 찔렀다. 그 아픔과 상처를 간직해 평생 혀를 함부로 놀리지 말라는 권계를 준 셈이다. 그러나 이 교훈을 잘 지키지 못하여 결국 수양제 손에 처형을 당하고 만다. 이렇게 고사를 인용하다보니 제나라 위왕과 위나라 혜왕의 대화가 생각난다.

전국시대 제나라 위왕은 추기나 손빈 등 쟁쟁한 인재를 많이 기용하여 침체에 빠져있던 제나라의 위상을 크게 높였다. 그러나 위나라는 혜왕을 기점으로 하여 쇠퇴기에 들어섰다.

혜왕, 대왕의 나라에는 보물이 얼마나 됩니까?

위왕, 없습니다.

혜왕, 우리는 작은 나라지만 한 치짜리 구슬로 열두 대를 치를 만큼 되는데 보물이 없다니요?

위왕, 우리 보물과 대왕의 보물이 다르기 때문이지요. 우리에게는 인재들이 사방에 있습니다. 이들 인재들을 어찌 열두 수레를 채우는 보물과 비교할 수 있겠습니까?

"생전에 너를 참 좋아했는데…."라는 그녀 오빠의 말만 듣고, 그녀의 무덤까지 찾아간 일도 결국 말 한마디 때문이었다. 그래서 이 사실을 작품화한 다음 나는 그 수필의 제목을 〈살아서 말 없으면〉이라고 적었다. 살아서 말 한 마디 못한 정이 너무 서러웠기 때문이다. 언젠가 유달산 밑에서 남의 손을 덥석 잡고 '사랑합니다'라는 다섯 글자를 써놓고 쏜살같이 달아나 버린 키 큰 궐녀도 생각해 본다. 이런 분들은 모두 얼마나 즐거운 마음으로 세상을 살아가고 있을까 하는 생각을 지우지 못하고 있다.

그런데 이 말이라는 것은 말할 것도 없이 꼭 산 사람들에게만 하는 게 아닌 모양이다. 배우 최진실이 죽은 지 두 해가 지나갔지만 아직도 그녀의 미니홈피에는 날마다 2천여 명의 사람들이 말을 걸어오고 있기 때문이다. "보고 싶어요. 행복하세요."라고 말이다.

우리나라의 삼풍백화점 붕괴사고 때도 그렇지 않았던가. 매몰된 이들에게 "제발 살아서 돌아오십시오. 저하고 데이트 합시다."라는 눈물로 호소하던 앳된 아가씨의 말 한 마디가 큰 힘이 되어 마침내 살아왔노라고 했으니 말이다.

나는 이 글을 쓰면서 세 번 놀랐다. 우리 정치인들이 계속 싸우는 것은 7세 전후에 아버지와 어머니가 계속 싸우는 광경을 보고 자랐기 때문이라는 미국 토컨스 박사의 말을 듣고 놀랐다. 그리고 사랑을 받지 못해 죽는 마리스머스병이 있다는 것, 또 무사병(無事病) 즉 사랑의 몸짓이 전혀 없어서 일으키는 병이 있다는 말을 듣고 또 한 번 놀랐다. 글쎄, 그 우리들의 말의 성찬(聖餐)은 지금 잠자는 들불처럼 숨죽이고 있다.

어머님, 만세

〈글을 한 편 써서 부쳐야 할 텐데…〉 하고 제목을 썼다. 그 때, 아내가 '그럼, 이제 반을 썼군요.' 하고 웃는다. '시작이 반이라고 했으니 말이지.' 하면서 정색을 한다. 물론 이 말은 웃자는 이야기다. 사실은 여자편이 모든 면에 있어서, 남자보다 더 섬세해서 매사에 신중하다. 매사에 남자는 목표지향형이고, 여자는 상황지향형이라고 했다. 옷 한 벌을 살 때, 남자들은 6분이 걸리고, 여자들은 2시간이 걸린다고 한다.

옛날 원시시대 남자들은 사냥을 가서 산돼지 한 마리라도 발견하여, 활을 쏘아 잡으면 그의 임무는 끝나고 만다. 그러나 여자들은 들에 나와서 나물이라도 뜯게 되면, 한두 시간은 족히 걸리게 마련이 아닌가. 어디 나물 한두 포기로 반찬을 만들 수 있겠는가. 그래서 여성들은 목표보다 오히려 그 과정이 중요한 셈이다.

여성들과 이야기를 나누다 보면, 한두 시간은 후딱 가버리고 만다. 옆에서 전화를 걸 때, 들어 보면 생활하면서 느낀 이야기, 그 낙수(落穗)들이 진을 치게 마련이 아닌가. 이를 극단적으로 분류해 본다면, 남자는 살기 위해 먹는 쪽이 될 것이고, 여자들은 먹기 위해 사는 쪽이 될는지 모를 일이다.

사실상 지금은 일상을 팔고 있는 시대라 해도 좋을 것이다. 무심코 지나쳤던 삶의 작은 순간들이 드라마, 인터넷 블로그 등을 통해 대중을 열광시키고 있기 때문이다. 엄마 손에 이끌려 여탕입구까지 갔다가 어린이가 들어가기를 거부하는 모습 등은 잔잔한 웃음을 자아낸다. 바로 내 이야기이기 때문이다.

특히 여성의 경우에는 이른바, 산고(産苦)라는 긴 시간 동안을 인고해야 하는 잠재의식이 작용하기 때문인지도 모를 일이다. 들판에 풀 한 포기가 자라기 위해서는 태양이 쪼이고 비가 오고 바람이 불고, 이른바 광합성(光合成)의 긴 과정을 겪어야 하듯이 말이다. 그래서 여성은 모성, 그 사랑의 헌신자가 되는 것이리라.

그래서 성모마리아상까지 울었다지 않던가. 미국 캘리포니아 주 새크라멘토의 베트남계 성당에 있는 성모마리아상이 '붉은 눈물'을 흘리고 있었다. 눈물을 닦아냈지만, 1주일 후 다시 왼쪽 눈에서 붉은 눈물이 흘러내리었다. 많은 사람들이 이 기적을 보기 위해 성당에 몰리고 있다고 시크리멘

토 AP 연합뉴스는 보도했던 것이 아닌가.

일평생 동안 소록도에서 나환자들과 같이 살다 이승을 떠난 마리아 수녀, 마가레트 수녀 등은 사후에 편지 한 장 밖에 남겨놓은 것이 없었다고 하지 않던가. 그렇다. 68세에 운전면허증을 딴 할머니도 인생승리라고 할 수 있지 않을까 싶다. 어디 그뿐인가. 근대 간호의 어머니 나이팅게일은 '정의는 늘 행복이고, 행복으로 이르는 길'이라고 했다. 그래서일까.

사실상 여성은 두세 가지 일을 능숙하게 할 수 있다고 한다. 신문을 보면서 가족 이야기를 하고, 다리미질을 하면서 TV를 보고, 전화도 받는다. 그러나 남성들은 신문이나 TV를 보면서, 아내의 잔소리를 잘 듣지 못한다고 한다. 그래서 제2차 세계대전 후 일본을 잿더미에서 구한 것은 동경대와 이와나미 문고(文庫)와 그리고 어머니라고 했던 것이리라.

이승헌 선생이 지은 ≪우리말의 비밀≫이란 책을 보면, 엄마의 '마'는 '처음', '참됨', '옳음'이라는 뜻을 가지고 있다고 적고 있다.

우리 어머님은 해방되던 해에 돌아가셨다. 나라를 위해 훌륭한 사람이 되라는 유언을 나에게 남기셨다. 그래, 어머님 만세다.

배려와 축복의 논리

언제나 우리에게 가장 중요한 것은 인간관계일 것이다. 이 문제는 어느 시대를 막론하고 가장 근본적인 문제다. 기든스 교수도 오래 전에 '친밀성의 사회학'을 주장한 바 있다. 사람다움, 사람과 사람 사이의 유대관계에서 사람다운 인간형성은 우리가 비껴갈 수 없는 인간적 현실이다.

1980년대 〈성공하는 사람들의 7가지 습관〉이란 책을 펴내 유명해진 스티븐 코비(Stephen M. R. Covey)는 이번에 다시 〈신뢰의 속도〉라는 책을 펴내 미국에서 베스트셀러가 되었다. 그는 여기서 한국 사람들의 신뢰수준이 매우 낮다고 지적하면서 '신뢰는 일시적 유행이 아니라 시공을 초월해 번성한 모든 문명에서 입증된 원칙'이라고 말하고 있다.

승강기가 없는 아파트 5층에서 30년 남짓 살다가 이사를 했다. 평균 하루에 세 번씩 나들이를 하는 편이었으니, 하루에 15층을 오르내리기가 몹시 힘들었다. 끝내 무릎이 좋지 않아 치료를 받기도 했다. 그래서 승강기가 있는 곳으로 집을 옮긴 것이다. 이렇듯 한 시름 놓았는가했더니, 범을 피하고 나니 사자를 만난다고 했던가.

이사 덕분에 남에게 피해가 가지 않도록 배려한다는 것이 얼마나 중요한가 하는 것을 새삼 깨닫게 되었다. 위층의 꼬마가 큰 장난감 자동차를 밀고 끄는 소리가 시끄러워 잠을 잘 이룰 수가 없다. 참다못해 직접 위층에 가서 사정을 이야기하고 양해를 구했다. 그러나 별 효과가 없었다. 나름대로 조심을 한다고 하니 더 할 말이 없게 되었다.

한일 학보사 주간교수 연찬회 때 들은 이야기다. 우리나라에서는 전세계약을 할 때, 금액은 얼마로 하고, 계약금은 얼마를 내고, 잔금은 언제 치르며, 기간은 언제까지로 하고, 기간 전에 집을 나올 때는, 한 달 전에 미리 통보를 한다는 등 사실상 몇 가지 되지 않는다. 입회자는 누구로 한다는 등 매우 간단한 편이다.

그러나 일본에서는 항목이 무려 일백여 가지에 가깝다고 했다. 우리들의 처지에서는 일백 가지라니 그걸 다 어떻게 생각해 낼지 궁금한 노릇이 아닐 수 없었다. 그 항목 중에는 물론 시끄럽게 해서는 안 된다는 규정도 있다. 만약 친구들이 와서 떠들기라도 하면 그 이튿날 전화를 걸어 계약위반을 알리면서 집을 비우라고 통고하고 만다는 것이다. 물론 여기에 인정사정이 통할 리 없다. 이에 비하면 우리나라 사람들은 얼마나 인정적인가.

중인의 마음이야
자못 좋아서,
지팡이에 기대어
사립문까지 배웅 나오네.
主翁頗好意.
扶杖送紫扉

—신광수

≪여섯 사람의 옛 시인≫이라는 허경진 씨가 엮은 책에서 뽑은 시다. 아름다운 정이 묻어나는 시라 하겠다.

"보름간 철야 금식기도가 끝나는 날, 선생님이 보내준 선금을 받고 모두 합창이라도 하듯 목을 놓아 울었습니다." 칠레에서 보내온 문자를 받고 나는 가슴이 뜨거웠다. 끝내 우리 내외도 눈시울을 적시고 말았다. 그 때 문득 이지선 이야기가 생각났다. 자동차에 불이 나서 온몸이 타버린 이지선 씨. 그녀는 수십 차례나 수술을 하고, 미국 유학 가서 공부도 많이 했다. 그녀는 말했다. "그 때 엄마가 하루 한 가지씩 감사할 거리를 찾자고 제안하셨다. 내 발로 걸어서 화장실 간 날, 내 손가락으로 환자복 단추 구멍 하나를 채우게 된 날, 아랫입술과 윗입술이 겨우 닿아 오빠를 '오까' 라고 부르게 된 날 등등 '감사 찾기'를 했더니 진통제가 줄 수 없는 마음의 평화가 찾아오더라. 그러면서 고난 자체가 가장 큰 축복이 될 수 있음을 깨달았다. 사고가 일어나지 않았다면 내가 평생 가질 수 없었을 보물들이다."

그렇다. 그 배려와 축복의 논리를 말이다.

보은(報恩)

나는 이 세상에서 '좋아한다'는 말을 제일 좋아할 수밖에 없다. 그 다음으로 내가 좋아하는 말은 '보은(報恩)'이라는 말이다.

우리나라에는 이 보은에 대한 이야기가 많다. 다리가 부러진 제비를 치료해 주었더니 박씨를 물고 와서 보은을 했다거나, 과거를 보러가던 선비가 위기에 처한 까치를 구해 주었더니 그 까치들이 머리로 종을 쳐서 역시 위기에 처한 선비를 구해 주었다는 이야기들처럼 말이다.

옛날에 우리는 살기가 매우 어려웠다. 얼마나 어려웠으면 돌아가신 박정희 대통령께서 너무 밥을 많이 굶어서 키가 크지 않았다고 했겠는가. 외국인 원수를 접견할 때마다 자신의 키가 너무 작아 언제나 고개를 들고 쳐다보면서 이야기를 나누어야했기 때문이다. 한때 '보릿고개'라는 말이 유행했던 것을 보면, 우리가 얼마나 어려운 시대를 겪어왔는가 하는 것을 알게 된다.

그 때 나는 경북 경주에서 살았다. 우리 집 부근에는 약방이 한 집 있었다. 한 번은 학교에서 집으로 돌아와 보니 우리 집 앞에 새끼로 경계선을 그어놓고 아무도 출입을 금지한다고 했다. 그 당시 호열자라는 병이 창궐해서 사람의 왕래를 제한한다는 것이 아닌가. 아침에 학교에 갈 때에 아무 일 없었던 어머니께서 반나절 동안에 그 호열자라는 병에 걸려, '피병원'이라는 곳에 실려 간 뒤였다. 아버지마저 장기 출타 중이었다.

그 당시 어려웠던 시기에 출입까지 통제당하고 보니 사실상 먹는 일이 문제였다. 그 때 나를 도와준 분이 바로 우리 집 부근의 약국 아주머니였다. 나는 그 후 그 고마운 은혜를 갚기 위에 그 약방을 찾아갔다. 그러나 너무 오랜 세월이 흘러 그 약국의 행방을 아는 사람이 한 사람도 없었다. 지금도 약방주인 아줌마를 생각하면 눈에 눈물이 어린다. 약국 이름이라도 기억하고 있었으면, 관계기관에 알아보아서 찾아보고 싶지만 그것조차 여의치 않으니, 마음만 아려온다.

사실상 사람이 사는 일은 결국 서로 알게 모르게 도와가며 살게 마련이 아닌가. 우리가 매일 먹는 쌀밥, 그 쌀만 하더라도 여든여덟 번의 사람의 손을 거쳐서 형성된다고 한다. 쌀미(米)자가 이를 말해주고 있다.

이렇게 생각해 보니 내가 오늘날까지 살아온 과정은 알

게 모르게 많은 사람들의 도움이 있었던 것을 알 수 있다.

데이비드 브룩스가 지은 소설 〈애니멀〉을 보면 "사랑과 성공 그리고 성격을 결정짓는 것은 다름 아닌 '관계의 힘'이라고 역설하고 있다. 우리가 태어나면서부터 맺게 되는 수많은 관계와 경험을 통해 무의식적 차원에서 이루어지고 있는 '인간 됨됨이'가 진정한 성공과 행복의 열쇠."라고 주장한다.

있는 것은 다 친구다
존재의 입맞춤이다
용이야 이무기야
삼천갑자의 덧니 한 쌍
심청이가 베고 누운 요술 방망이
있는 것은 다 친구다
귀신이 놀다간 그늘 한 조각
있는 것은 다 친구다
존재의 입맞춤이다.
그래

고추친구.
—졸시 〈친구〉

30여 년 전에 일본에서 실제로 있었던 이야기다. 신도 수가 수만 명이나 되는 어느 큰 절에서 30억 엔 정도가 드는 불사를 이루려고 주지 스님이 시주를 부탁하는 내용을 공표했다. 그러자 이튿날 어느 큰 부자가 30억 엔이라는 많은 돈을 갖고 와서 스님 앞에 내어놓았다.

"불사금으로 가지고 왔습니다." 그 말을 들은 스님은 이렇게 말했다. "부처님에게 올린 뒤 절하고 가지고 가십시오." 부자는 시주금을 불단에 올리고 절을 한 뒤 다시 스님 앞에 내놓았다. 그러자 스님은 말했다. "이제 가지고 돌아가십시오. 부처님께 올리셨으니 부처님께서 받으셨습니다."

그렇다. 봉이 김선달이 대동 강물을 팔아먹어도 어찌 제 혼자 다 마셨겠는가.

나는 명함 뒤에 '보은(報恩)'이라는 한자어를 먹 글씨로 크게 써서 수첩에 넣어 다니면서 가끔 지갑을 열 때마다 들여다보면서 웃곤 한다.

상사병이라는 이름

일본의 어느 시인은 '올해도/ 모기에게 물릴 것을 생각하니/ 감히 흥분된다.'고 노래했다. 그렇다. 살아있다는 것이 축복이다.

글쎄, 립스틱 한 번 바르는데 무려 반 년 가까이 걸렸다면 누가 믿어주겠는가, 실제로 영화 ≪숨≫의 주인공인 1급 지체장애자 박지원 씨는 영화를 촬영할 때, 립스틱 바르는 장면을 찍기 위해 5개월이나 연습을 했다고 한다.

일사유사(逸士遺事)에 나오는 이야기다. 호조판서 김좌명이 하인 최술에게 중요한 자리를 맡겼다. 얼마 후 과부인 그의 어머니가 찾아와 아들의 직책을 낮추어 달라고 했다. 그 이유를 묻자 "가난해 끼니를 잇지 못하다가, 대감의 은덕으로 끼니를 잇게 되었습니다. 이번에 중요한 직책을 맡자 어느 부잣집에서 그를 사위로 데려갔습니다. 그런데 아들이 처가에서 '맹엇국'을 먹으며 맛이 없어 못 먹겠다고 합니다. 열흘 만에 사치한 마음이 이 같으니 재물을 관리하는 부서에 오래 있으면 큰 죄를 범하고 말 것입니다. 외아들이 벌 받는 것을 그대로 보고 있을 수가 없습니다. 다른 일을 시키면서 쌀 몇 말만 내려주어 굶지 않게만 해주십시오.”

물론 위 세 가지 이야기는 별로 연관이 없을는지 모른다. 이렇듯 크게 연관이 없을 것 같은 것을 억지로 얽어 묶는 것을 문학에 있어서 ‘폭력적 결합’이라고 한다. 억지 춘향을 또 한 번 불러보자.

경주에 있을 때였다. 친구가 급히 집으로 와 달라고 했다. 가보니 방안에 친구 여동생이 두 팔과 두 다리가 모두 묶인 채 꼼짝달싹하지 못하고 누워있었다. 그녀는 나를 보자 한 마디 말도 하지 못한 채 한없이 눈물만 흘리고 있었다. 상사병이라고 했다. 그 당시에는 의료형편이 여의치 못한 탓이었는지 병원에 입원해서 누워있지 않고 집에서 치료를 받고 있는 형편이었다. 그렇게 방에 갇힌 채, 세월을 보내고 있었다.

그녀는 말 한 마디 없이 계속 울기만 했다. 나는 하루에 한 번씩 그녀 집에 가서 사랑한다는 말만 되풀이할 뿐, 내가 해줄 일이 따로 특별히 있을 리 없었다. 그녀의 눈길을 바라보면서 두어 시간 남짓 사랑한다는 말만 되풀이하다가 돌아오는 것이 일과가 되었다. 그렇게 하기를 두어 달 정도 되었을까. 차차 그녀의 용태가 좋아지기 시작했다. 3개월 가까이 되는 날 나는 손수 사슬을 풀어주었다. 이 회상의 불길이 타는 동안 나는 그녀를 위한 사랑의 즉흥시 한 편쯤 남겨두어야 하리라.

너는 온몸으로 깨달음을 얻고
살아서 신선이 되었는가
죽음보다 더 무거웠던 사랑을
빈 몸으로 버티었던 여인아
먼 훗날 너의 무덤가에
나는 꽃 한 송이 놓아두고
빗물처럼 실컷 울어보고 싶다
바위처럼, 파도처럼 실컷 웃어도 보고 싶다.

'그리스 신화'부터 '아라비안나이트'까지 이야기는 우리를 웃기고 울린다. 이야기가 사람의 몸과 마음에 미치는 영향을 연구한 미국 워싱턴대학 심리학과 제프리 잭스는 소설을 읽거나 영화를 볼 때 사람의 뇌가 활성화된다고 한다. 뇌에서 옥시토신이 분비되기 때문에 사람들에게 즐거움을 느끼게 해 주기 때문이다.

엘리자베스 테일러가 17세 때 윌리엄 폴리에게 쓴 연애편지가 경매에 붙여졌다. BBC는 '미국 RR 옥션이 1949년 3월부터 8개월 동안 쓴 편지 66통을 폴리로부터 2년 전 사들였으며 이를 온라인 경매에 내놓았다.'고 보도했다.

나는 그동안 감포 앞바다나 석남사 계곡 등지에서 그녀를 생각하면서 홀로 그리움을 달래 왔다. 그래서 이 글을 영원히 '그리운 여백'으로 남겨 두고 싶다.

올해도 해를 넘기기 전에 경주 옛 너의 집 앞에 가서 실컷 울다 올 것이다.

놀이

사람이 사는데 있어 가장 중요한 것은 말할 것도 없이 일과 놀이가 아닐까 싶다. 이 두 가지가 적절히 병행되면서 사람은 살게 마련이다. 만약 생산적인 일만 하게 된다면, 물론 소득은 어느 정도 높아질 것이다. 그러나 그 사람은 마침내 힘에 부쳐 한동안 놀이에 빠질 수밖에 없게 될 것이 아닌가.

이와 반대로 매일 놀이에만 몰두하여, 시간을 허비한다면, 그 사람은 결국 어려움에 처하게 될 것이 아닌가. 그래서 결국 사람 사는 일은, 일과 놀이 그 적절한 반복이라 생각된다. 물론 일벌레라는 별명을 가진 사람 못지않게 놀이에 빠진 사람들도 있게 마련이다.

인간의 신체 뿐 아니라, 정신 또한 이러한 반복에 의해 적절히 유지되도록 조성된 것이라고 믿는다.

벌들의 세계에서는 일벌과 여왕벌, 즉 놀이벌이 있다고 하지만, 그것은 어디까지나 우리 사람들의 생각일 뿐일는지 모른다. 사실상 놀이도 장시간 몰두하게 되면, 결국 노동이 될 수 있을 것이기 때문이다. 개미들도 마찬가지가 아닌가. 달리기 경쟁에서 토끼가 지고 말았다는 '토끼와 거북이'의 교훈적인 이야기도 있지만, 달릴 줄 만 알고 쉴 줄 모른다면 그것 또한 심각한 문제가 아닐 수 없다.

일과 놀이의 반복이란, 결국 존재의 본성이기 때문이다. 천지 만물을 창조한 하나님도 엿새 동안 일하고 하루를 쉬었다고 하지 않던가. 우리들 신체가 낮에 일하고 밤에 자면서 쉬듯이, 신체 각 기관도 나름대로 일하고 쉰다는 운동의 법칙에 따라 움직이게 되어있다. 맥박도 뛰면서 잠시 쉬는 것이 아니겠는가. 눈도 깜박이면서 쉬는 순간을 갖게 된다. 그래서 브루스 바튼은 작용과 반작용, 밀물과 썰물, 시행착오 등 변화가 바로 인생, 그 삶의 리듬이라고 말했던 것이다.

심리학적으로 말한다면 쉬는 일, 즉 놀이의 상징은 이른바 섹스의 모방이 된다. 야구나 농구, 축구, 족구, 배드민턴 이외 여러 노는 형식을 보면, 모두 볼을 넣는 일이 되고 있다는 것을 알 수 있다. 그래서 낚시하는 경우를 심리학적으로 자신의 페니스를 쥐고 있는 형식의 상징임을 알게 된다. 사실 노는 일의 중심은 바로 성적행위의 모방인 까닭이다.

그러나 인디언들은 취미로 사냥이나 낚시를 하지 않는

다. 그들은 즐기기 위해 살생을 하는 것은 어리석은 일이라고 생각하기 때문이다.

우리들이 잘하는 '노세 노세 젊어서 노세, 늙어지면 못 노나니, 인생은 일장춘몽이요, 달도 차면 기우나니…'라는 노래가 있지 않은가. 노는 것도 그리 쉽지 않다는 이야기다. 사실 늙고 병들면, 노는 일, 즉 힘이 드는 신체적 접촉은 어렵고 힘에 부치는 일임에 틀림없다. 그러나 우리는 이 세상에 태어난 이상, 비비언 그린이 말했듯이, '인생이란 폭풍우가 지나가기를 마냥 기다릴 것이 아니라, 빗속에서도 춤추는 법을 배워서 즐겁게 놀 수밖에 없는 것'이 아닌가.

모서족이나, 므라브리족, 토라자족, 라자와 부족은 숲속에서 산다. 남자는 벗고, 대나무 순이나, 개구리, 뱀, 산딸기 등을 먹고 산다. 그들의 일상은 춤과 노래 즉 노는 일이다. 그래서 그들에게는 분노가 없다고 한다. 노는 일이 바로 삶인 것이다. 정영자 교수도 행복한 노년을 위한 인생지도라는 강연에서, 함께 어울리는 노년을 위해 '노는 법'을 강조하고 있는 것을 보게 된다. 그러나 사실상 한국 사람들은 놀 줄 모른다고 진단하는 학자도 없잖다.

우리가 친구들과 놀이삼아 축구시합을 하다가, 만약 돈이라도 걸고 내기 시합으로 변질된다면, 그 놀이는 바로 승부욕 때문에 괴로운 일이 되고 만다. 그래서일까. 요즘은 대신 놀아주는 직업도 있다지 않던가.

사실 제일 재미있게 놀 만한 곳이 있다면, 그 곳은 바로 천당일는지 모른다. 하나님은 꼭 '죽어서 천당에 오라고 말하지 않았다. 살아서 언제든지 천당에 와서 놀아라.'고 말했다. 그래 그 무릉도원(武陵桃源)을 말이다.

'동포여, 우리 모두 오늘부터 천당에 가서 놀자.'

2부

융합의 논리

운전

배롱나무 꽃이 피던 여름이었다. 한번은 담임선생이 경주여자고등학교에 가서 식탁보를 갖고 오라고 했다. 자전거를 타고 여고 가까이 갔을 때, 마침 학생들이 수업을 마치고 집으로 돌아오고 있었다. 평소 여학생들만 봐도 얼굴이 붉어지던 고등학생 시절이라 몹시 당황했다. 그만 자전거에서 나뒹굴고 말았다. 물론 몇 번 아슬아슬한 고비를 넘긴 끝이었다. 몇몇 여학생들이 놀라면서 나를 일으켜 세웠다. 홍당무가 된 채, 나는 어찌할 줄 몰랐다. 그때서야 '하 군, 자네 자전거 탈 줄 아는가, 혹시 모른다면 배워놓게나.' 하던 담임선생의 말을 헤아리게 되었다.

자전거 타기를 배울 때는 약 일주일 남짓 고생을 했다. 매일 일정한 시간에 운동장에 나와서 친구가 뒤에서 밀어주곤 했다. 나는 하루에도 몇 번씩 쓰러지면서 자전거 타는 법을 배웠다. "자세를 바로 하고, 너무 가까이 보지 말고, 조금 멀리 앞을 똑바로 바라보면서 힘차게 바퀴를 굴러라."

는 말을 수없이 들었다. 그 외에도 주문은 많았다. 그러나 하루에도 몇 번씩 넘어져 무릎에 멍이 들었다. 뒤에서 밀어 주던 친구가 손을 놓기만 하면 넘어지곤 했지만, 시간이 가고 시일이 지날수록 조금씩 혼자 아슬아슬하게 넘어지지 않고 얼마간 가게 되었다. 이렇게 매일 두 시간 정도 일주일 남짓 연습을 한 끝에 겨우 혼자서 타게 되었다. 하지만 숙달하기까지는 적잖은 시일이 걸렸다.

이제 우리도 소득수준이 높아지고 세상이 변하면서 이른바 마이카시대가 온 것이다. 이에 편승해서 나라고 예외일 수는 없는 법. 마침내 나도 자동차운전 교습소를 찾게 되었다.

"교습소 부학감입니다. 잘 오셨습니다. 제가 직접 선생님이 면허증을 따실 때까지 정성을 다해 챙기겠습니다."

그녀는 몹시 상냥하고 미모도 뛰어났다. 그 후로 부학감의 특별한 배려에 따라 열심히 운전연습을 하였다.

마지막 시험을 치는 날, 눈이 와서 걱정이 되었다. 높은 곳에 올라갈 때 미끄러워 어쩌나 하는 조바심이 떠나지 않았다. 그러나 막상 해보니 쉽게 통과할 수 있었다. 그밖에 코스나 빨리 달리기 등 모든 과정을 잘 소화해냈다. 마지막 관문인 뒤로 정차하기에는 자신이 없는 사람은 비스듬히 세워도 된다고 했다. 그러나 나는 만점을 받을 요량으로 정확하게 세우려고 애쓰다 그곳에서 시간을 조금 초과했다.

마침내 합격은 되었지만 만점을 받지 못해 불만이었다. 이렇게 해서 실기시험에 합격하고 과목시험도 무난히 통과하여 운전면허증을 따고, 주행연습을 하는 등 한 사람의 운전자가 되는 데는 고비가 많았다.

한 번은 주행연습 중에 길이 약 6미터가량 되는 낭떠러지에 차가 굴러 떨어지고 말았다. 조교는 혼자 안전한 곳으로 뛰어내렸지만, 나는 속수무책이었다. '사람이 이렇게 해서 허망하게 죽고 마는 구나.' 하는 생각이 순간적으로 머리를 스치고 지나갔다. 그러나 공교롭게도 차가 멀쩡하고, 핸들과 엔진이 그대로 돌아가고 있는 것이 아닌가. 순간 꿈인가 하고 스스로 놀라고 말았다. 나중에 알고 보니 풀을 쌓아놓은 풀 더미 위에 떨어졌던 것이다.

어떻게 소식을 들었는지 부학감이 놀라서 달려왔다. 운전을 그만 둘 수 있다면 이렇게 빌겠다면서 눈물까지 글썽이는 것이 아닌가. 비교적 나이가 많아서 배운 탓에 행여 운전을 하다가 혹시 실수라도 하면 어쩌나 하는 불안감이 늘 떠나지 않았다고 했다. 그렇듯 많은 운전자를 배출해도 이런 경우는 처음이라고 했다. 그래서 이렇게 달려왔다는 것이다.

우리는 바닷가를 거닐면서 많은 이야기를 하였다. 점심을 같이 먹으면서 '오래 잊혀지지 않는 사람들 때문에 세상은 살맛이 난다'면서, 서로 손을 잡고 웃었다. 운전을 배웠다는 인연으로 그녀는 대학에서 한동안 나의 강의를 듣기도 하였다. 우리는 서로 번갈아가며 사제지간이 된 셈이다. 묘한 인연이었다. 운전을 가르치고 배우는 사람들, 그 일은 어쩌면 힘든 인연일는지 모른다.

그렇다면 나는 내 인생의 운전은 어떻게 해왔던가. 내가 가야할 길, 그 험한 역정을 잘 운전해 왔던 것일까. 가정을 잘 운전해 왔으며, 사회에서 얼마만큼 과속하는 일은 없었는가. 신호나 주차 위반한 경우나, 추월 금지구역에서 추월한 일은 없었나. 고속도로에서 머뭇거리거나, 안전띠는 늘 매고, 안전거리는 잘 지켰는가. 음주, 그 곡예 운전한 경험은 있는가. 정비는 제대로 하고 다니는가. 그렇다. 인생운전. 그래서 인생유전이라고 했다. 유전(流轉)이여, 번뇌까지 잠시 쉬어갈 수는 없겠는가.

운전면허증. 그 인생 유효기간 사이로 구름이 덧니를 흘리며 오늘도 웃고 있다.

꼬마 동시인

역사적으로 제일 어린 동시인(童詩人)이 누군지 사실 알 길이 없다. 설마 그런 기록이 있다 하더라도 그것이 무엇 그렇게 대수로운 일이겠는가. 그러나 4살짜리 꼬마가 동시를 쓰고, 거기에 따른 그림까지 깃들였다면 혹시 화제가 될는지 모를 일이 아닐까 싶다.

손자, 손녀 자랑은 웃돈을 걸어놓고 하라는 말도 있지만, 우리 집 손녀가 동시를 써왔기에 자랑 아닌, 자랑이라도 해볼까 하는 생각도 해보게 된다.

마을마다 코스모스

춤추는 코스모스

날마다 코스모스

고놈은 날 때부터 좀 별난 데가 있었다. 갓난 애기가 눕혀놓으면 빙긋빙긋 웃기만 할 뿐 우는 법이 없었다. 그래서 참 이상한 아이로구나 하고 생각했던 기억이 새롭다. 지금도 가끔 집에 오게 되면, 먼저 종이부터 달라고 조른다. 나는 제 오빠와 같이 그놈들이 오면, 으레 지나간 달력들을 준비해 놓는다. 그 뒤쪽에 글을 쓰며 놀거나 그림을 그리라고 말이다. 그러면 그들 형제들이 똑같이 자기가 쓴 글에 그림을 곁들여 놓는다.

나는 그들이 떠나간 후에 그 글들을 모두 모아놓는다. 언젠가 그들이 컸을 때, 보여주기 위해서 말이다. 분명 그들은 뭔가 남과는 다른 일면들을 보여 주리라는 상상을 하면서 말이다. 꼬마는 설날이나 추석 그밖에 생신 때 등 기념할만한 날이면, 의례 축하의 글과 그림을 그려온다. 우리는 슈베르트 등 서양의 여러 천재 음악가들의 이야기를 알고 있지만, 동양 특히 한국에서 천재들 이야기는 별로 들은 바 없지 않나 생각된다.

필자의 친구 아들인 김모 군이 한때 아인슈타인의 상대성원리를 설명했다는 등 세계적으로 드문 천재라고 알려졌으나, 그후 그의 천재성은 어떻게 되었는지 알 길이 없다. 다만, 지금은 대학교수로 재직하고 있을 뿐이다. 혹시 앞으로 그의 천재적 업적이 세상에 알려질는지 모르겠지만 말이다. 천재적 기질을 가지고 태어난 것이 중요한 것이 아니라, 그 아이의 천재성을 어떻게 잘 키워나느냐 하는 것이 더 중요한 것이 아닐까 생각된다.

서양의 어느 천재는 커서 전차를 운전하는 기사 직업을 갖게 되었다는 보도를 읽은 적이 있다. 왜 하필 그런 직업을 갖게 되었는지는 모르겠지만, 아무튼 천재라는 것이 다만 머리가 좋다는 것에 한하는 것이 아니라, 특별이 어떤 면에 뛰어났는가 하는 것이 보다 중요한 변수가 될 것이라고 여겨진다.

김춘수 시인은 시적 실험에서 '사람들은 생선이나 과일들이 들어 있는 깡통을 놓고, 그 안의 내용물만 보고 정작 깡통 자체는 보지 않는다. 깡통의 내용물을 버리고, 그 깡통의 본래 모습을 보여주는 것이 내 무의미 시'라고 말한 바 있다. 물론 한때 이러한 말은 김 시인이 언어실험을 하면서 술회한 이야기다. 내가 김춘수 시인을 만나, 그러한 무의미 시에 대한 언어실험을 언제까지 계속할 것이냐고 묻자, 그는 나도 모르는 일이라고 말했다. 그러나 그는 멀지 않아, 그의 시에서 '인동꽃이 붉다'고 술회하면서 의미의 세계로 돌아온 것을 우리는 기억하고 있다.

그때 또 한 번 그를 만나, 유의미 시에의 회귀에 대해 묻자, 그는 '실험으로 기억되고 싶다.'는 말을 되풀이하면서 웃었다.

그래, 코스모스는 춤이라도 추면서 웃으려무나.

손녀 자랑

손자 자랑하려면 1만 원을 내어놓고 하라는 말이 있다. 일본 사람들은 3대 즐거움 중 하나가 아이 키우는 일이라고 한다.

일본의 초밥왕이라고 일컬어지는 80대의 오노 지로 씨는 자신의 손맛을 유지하기 위해 42년간 장갑을 끼고 다녔다고 하니, '금년에도 모기에게 물릴 일을 생각하니 즐겁다.'고 노래한 그들의 정성을 알만하다. 그러니 손자 사랑이란 오죽하겠는가. 수필이란 이렇듯 인간의 정성과 자랑을 일구고 가꾸는 일이다.

손녀 자랑을 늘어놓자니 웃음부터 먼저 난다. 아주 어렸을 때부터 눕혀놓으면 울지 않고 혼자서 방긋방긋 웃는 것이 일과였다. 무슨 아이가 울지도 않고 늘 웃기만 하니 참 희한한 아이네 하고 모두들 놀란다. 하루 15초만 웃으면 심장병, 위장병, 두통, 관절염, 암 등이 낫는다고 하지 않던가. 사실상 우리들이 하고 있는 걱정거리도 96%는 필요 없는 것들이고 고작 4%만이 풀기 어려운 것이라는 조사보고서도 있다.

사실상 걱정거리도 따지고 보면, 별것 아니라는 것을 알게 된다. 그래서 세상은 '늘 감사하면서 살라.'고 가르친다. 닭도 물 한 모금 입에 물고 하늘 한 번 쳐다보고 '감사합니다.'라고 말하지 않는가. 그런 자세가 수필적 삶이다.

내 손녀 '그림'이는 태어난 지 이제 17개월째 들어섰다. 식사를 하기 전에 제가 꼭 식구들을 대신해서 기도를 한다. 잘 알아들을 수 없는 중얼거림 중에서도 유독 '아멘' 하는 소리만은 똑똑하다. 용변이 보고 싶으면, 손가락으로 방바닥을 가리키며 '응응' 하고, 용변 보는 시늉을 한다. 화장실에 있는 제 오빠를 가리키며 '뭐하노' 하고 물으면, '음앳' 하면서 눈을 동그랗게 뜨고 놀란 표정을 짓는다.

소는 어떻게 울지 하면 '음매' 하고, 고양이는 하면 '아웅아웅' 하고, 헤어지는 시늉을 할 때는, 손을 입에 갖다 댔다가 떼면서 싱긋 웃는다. 이외 꼬마 녀석이 연출하는 시늉이나, 말 흉내는 십수 가지가 된다. 그놈이 따라 하는 노래도 몇 가지나 된다. '반짝 반짝 작은 별' '곰 세 마리' 등이 그것이다. "좀처럼 울지 않고 제 혼자 잘 노니, 아이 키우기가 이처럼 힘들지 않으면 무슨 걱정이람." 하고 모두들 칭찬이 대단하다.

꼬마 녀석이 할아버지와 같이 과자라도 사기 위해 길을

나서면 언제나 뜀박질이다. 그냥 걷는 경우란 드물다. 무엇이 그렇게 바쁜지 잡은 손을 끌면서 마냥 신이 난다. 그러니 일본 사람들이 어린이 키우기를 낙으로 삼는다는 말이 나올 법하지 않겠는가. 그런데 한국에서는 보험금을 타기 위해 35세 여인이 아홉 살 난 친딸을 죽였다는 보도도 있었으니 할 말이 없다.

그래서 미국 캘리포니아 주 새크라멘토의 베트남계 성당에 있는 성모마리아상이 붉은 눈물을 흘렸다는 외신보도 듣게 마련이 아니겠는가. 죽은 나폴레옹의 오른쪽 송곳니 하나가 영국 경매시장에서 3천만 원에 팔렸다는 이야기도 있는데, 어린 생명이 아무렴 사람의 이보다 못하단 말인가.

이쯤 쓰다말고 수필의 뒷말을 구상하기로 한다. 그런데 그때 바로 전화가 왔다. 집사람이 지금 꼬마에 대해 글을 쓰던 중이라고 말하면서 꼬마에게 전화를 바꾸라고 한다. 꼬마는 전화를 들고 무어라고 열심히 말을 하는 모양이지만, 표정만 지켜볼 뿐 알아들을 수가 없다. 꼬마는 배냇짓 아닌 '배냇수필'을 열심히 쓰고 있는 셈이다.

별이다

꽃이다

보석 공주.

치악산 달빛소리다

맨발로 시를 쓰는

백마강 종소리다

꿈에 본 상사화,

꽃 구슬 아롱아롱 아기 천사다.

글쎄 만원어치만 자랑하라면, 그러나 기억하여라. 우리가 어린아이처럼 다시 태어나지 않는다면, 천국에 들어갈 수 없다고 했듯이 진정한 수필을 쓸 수 없다는 것을 말이다.

그래서 우리 집에서는 부부간 다툴 일이라도 생기면, 서로 '그림이에게 일러준다.' 하고 엄포를 놓게 된다.

오늘도 나는 수염을 깎고, 꼬마를 보러 간다. 꼬마와 뽀뽀를 하자면, 수염부터 말끔히 깎아야 한다. 여린 살갗이 세속의 날선 수염에 찔리지 않게 하기 위해서 말이다.

암 병동의 24시

위암수술을 받았다. 마취에서 깨어나자 몹시 아팠다. 그 아픔을 지수로 나타내게 되어 있었다. 예를 들면, '아픔 3' 이라든지, '아픔 7' 등으로 말이다. '아픔 10'이 제일 아픈 경우가 된다. 고통 때문에 진통제를 늘 영양제와 같이 팔에 꽂고 다녔다.

물론 아픈 것도 고통이지만, 그보다 더한 것은 아무것도 먹지 못한다는 것이다. 영양제를 맞고, 물을 하루에 몇 번씩 입술에 적시고, 물을 마시고, 묽은 미음을 먹고, 미음을 먹고, 밥을 먹기까지 적잖은 시일이 걸렸다. 그러고 나니 체중이 많이 줄었다.

그런 중에서도 나에게 용기를 준 신념이 있었다. 마음속으로 기도를 하는 중에 갑자기 '괜찮다', '괜찮다.' '괜찮다.' 하고 세 번 종소리처럼 나의 머리를 때리던 음성이었다. 나는 그때 '그렇지 괜찮고 말고.' 하면서 다시 한 번 완치에 대한 확신을 갖게 되었던 것은 말할 나위도 없는 일이다.

사람은 위급할 때, 어머님을 찾거나 부지불식간에 하나님을 부르게 되는 것이 아닌가. 뿐만 아니라, 내가 퇴원해서 다시 현직에 복직할 만큼 기력을 회복했을 때, 집사람이 다니는 교회의 교인들은 나의 쾌유를 빌면서, 늘 기도를 했다고 한다. 그 중에는 철야금식 기도를 한 분도 여럿 있었다고 해서 그 분들을 만나 고마운 인사를 드렸더니, 그분들은 빙그레 웃으면서 "글쎄, 당연한 일이 아닙니까." 하면서 오히려 반문하는 것이 아닌가. 그 때 나는 눈물이 핑 돌았다. 결국 내가 몸이 좋아진 것은 '기도의 힘이 컸구나!' 하고 새삼 기도의 힘을 실감하게 되었다. 오래 전에 미국 뉴욕대학에서 기도의 힘에 대해서 발표한 일이 있었다. 병자들을 두 그룹으로 나누어, 실험해 본 결과 기도의 힘이 상상이상으로 컸다는 내용이었다.

결국 암환자에 있어서 '낫는다'는 신념이 가장 중요하다는 사실을 다시 한 번 실감한 셈이다. 나는 수술을 끝내고 집에서 요양을 하고 있을 때, 운동 삼아 한 시간 정도 강둑을 거닐면서 무료함을 달래기 위해 네잎클로버를 찾아나서곤 했다. 그 결과 네잎클로버와 다섯 잎 클로버 그리고 빨간색의 클로버 등 무려 30여 개를 발견 채취했다. 그 때마다 희망, 희망, 완치, 완치하면서 신념을 키워나갔다. 그때 우리집 막내는 '아버지 완치되면 우리 불란서에 놀러가요.' 하고 용기를 불어넣곤 했다.

지난번에는 호주에 일주일 동안 여행을 시켜주었기 때문이다. '그래, 여행을 가기 위해서라도 꼭 살아나가야지.' 하고 신념에 못을 박곤 했다. 그런 신념과 기도와 정성 덕분에 나는 입원한 지 일주일 만에 퇴원하게 되었다. 그 후 정기 검진 때, 병원에 갔더니 담당의사가 '이 분이 정말 나에게 수술을 받은 환자가 맞느냐.'면서 농담까지 하는 것이 아닌가.

혈액검사뿐 아니라, 그 다음 정기검사 때인 C.T검사에도 결과가 매우 만족스럽다고 했다. 이 같은 결과는 역시 완치에의 신념 즉 기도하는 마음, 그 기(氣)와 염력(念力) 덕분이라고 나는 굳게 믿고 있다. 그것은 말할 것도 없이, 내가 현직에 복귀해서 대학 강의를 그대로 계속하고 있는 사실이 잘 증명하고 있는 것이 아닌가.

아무튼 내가 암 병동을 드나든 탓에 지금은 전혀 죽음이 두렵지 않는 해탈한 사람처럼 되었다. 생각은 내 것이지만 나는 아니다. 그렇다. 생각이란 정말로 귀찮고 구질구질한 놈이다. 우리가 매일 쓰레기를 버리듯 생각 버리는 연습을 해야 할 것이다. 버려야 할 유산, 그 쓰레기들을 모아놓고 전전긍긍할 필요가 어디 있겠는가.

이 육신이란 놈은 사실상 매우 거추장스러운 놈이다. 온갖 병치레를 다하는 것이 아닌가. 빨리 버려야 할 유산이라는 생각까지 드는 것이다. 음산한 암 병동에서, 코 밑이 헐

것 같은 쥐 죽은 냄새가 나는 것 같다.

그러나 지금은 아기 천사가 진군의 나팔을 불고 있다. 어기여차! 배 띄워라. 무릉도원에 햇빛이 눈부시구나.

나도 이제 제대로 사람구실을 좀 할 것 같다. 생사를 넘나드는 순간들, 그런 기백쯤 갖고 있어야 할 것이기 때문이다. 사람 되기가 결코 쉽지 않다는 것을 다시금 깨닫게 된 담금질, 그래 하늘의 섭리였다.

예술적 수염 깎기

—호주를 다녀와서

운전기사가 수염으로 그림을 만들었다. 코밑 턱수염으로 묘하게 그림을 그리듯 수염을 깎아 흡사 수염으로 그림을 그린 셈이 되었다. 버스 등받이에도 모든 곳이 그림으로 장식되어 있다. 운전기사는 차를 몰다가 구경할 만한 곳에 이르면, 잠시 차를 세운다. 구경을 하고 가자는 것이다. 이렇게 차를 몰다보니, 사실상 목적지가 따로 없기 마련이다.

구경하는 곳마다 목적지가 되고 보니, 호주의 기후처럼 사계절이 따로 없었다. 하루 동안에 봄, 여름, 가을, 겨울을 맛보게 된다. 갑자기 비가 내려 춥다가도 한 줄기 비만 개면, 봄처럼 따뜻해진다. 낮에 더워서 웃옷을 벗고 다니다가, 밤에 갑자기 기온이 내려가서 바다에서 나온 이도 있다. 바다에서 나와서 자기 집으로 찾아가는 꼬마 펭귄들을 구경하기 위해서. 어른 손바닥만 한 꼬마 펭귄들은 제 식구끼리 같이 자기들 집을 찾아 가기 때문에, 그 뒤뚱거리며 걸어가는 꼴이란 참으로 웃겼다.

특히 놀란 것은 호주사람들의 친절이었다. 아침식사는 식당에서 하고 점심이나 저녁식사는 관광지에서 하게 된다. 아침 뷔페식 음식 가짓수를 헤아려보니 무려 42가지나 되었다. 한번은 식당에서 식사를 하기 위해, 그릇에 밥과 반찬을 담고 자리로 오다가 실수로 다른 사람과 부딪혀 그릇이 깨어지면서 바닥에 밥과 반찬이 흩어지고 말았다. 나는 어떻게 해야 할지 당황하고 있는데, 식당 아가씨가 뛰어나와 싱긋 윙크를 하면서, 바닥을 말끔히 청소해 주었다. 나는 너무 미안하여 몇 번이나 사과를 했다.

그 다음날도 그녀는 나를 보고 윙크를 해주는 것이었다. 내가 무안하지 않도록 배려를 해주는 것이 아닌가. 그렇게 해서 나는 그녀와 친해졌다. 그것이 사람 사는 이치가 아닌가. 사람은 사람을 기쁘게 하기 위해 산다. 인간(人間)이라는 글자 자체가 그것을 증명해 주고 있다.

나는 호주에서 이러한 사실을 실감한 셈이다. 그들은 말끝마다 '나를 용서해 주세요.' 하는 용어를 입에 달고 다녔다. 그리고 우리를 태워가던 운전기사는 차를 세울 때마다, 운전대에서 내려와서, 손바닥으로 차창 위에 손을 얹고 행여 승객들이 머리를 부딪칠까 배려까지 하는 것이 아닌가. 지금도 그 모습이 눈에 선하다.

또 한 사람 잊지 못할 이는 비행기에서 만난 여 승무원이다. 나는 그녀에게 즉흥시 한 편을 써주었다.

'내 오래 기억하고 싶은 꿈속에 너를 그리며, 여기 꽃씨 하나 심어두나니….'

진정 국가는 국민에게 봉사하기 위해 있는 것이구나 하는 것을 호주에서 절실하게 느꼈다. 그들에게는 재산세도 자동차세도 없었다. 공부도 많이 하지 않는다. 대부분 고등학교만 나와서 각자 제 살 길을 찾아간다. 다 잘 사는데, 학자의 길을 걷는 경우 이외는 굳이 진학을 할 필요가 없기 때문이다. 그러고 보니 집들이 모두 비슷하지 않는가. 국토가 넓어서인지, 우리나라의 초가집을 닮은 집들이 숲속에 모여 있다. 더 클 필요도 더 화려할 필요도 없기 때문이다. 살면서 절대로 남을 의식하지 않는다. 공원에서 누가 보든지 말든지 서로 껴안고 키스를 한다. 공원 내에는 빅토리아 왕비의 조각상이 세워져 있었다. 멜본(melbourne) 하야라 강에서는 밤에 기타를 치며 노래를 하는 늙은이들을 볼 수 있었다. 관광객들 중 뜻있는 이들이 동전을 던져주곤 했다. 그들은 돈에 신경을 쓰는 것이 아니라, 다만 즐기고 있을 뿐이었다.

문득 눈을 돌려 숲속 나무들을 바라보니 코알라나 다람쥐, 너구리 등이 사람들과 함께 살고 있다. 훈련된 새들처럼. 내 머리와 어깨 등에 앉아서 날아갈 생각을 하지 않는 온몸이 붉은 새들이 귀엽다. 걸어 다녀도 그대로 몸을 흔들거리며 날아가지 않는다. 너무 신기해서 사진을 찍었다.

나는 바닷가 절벽에 풍우에 새겨진, 이른바 12사도(使徒)를 굽어보면서, 그 장엄한 광경에 넋을 잃을 뻔했다. 역시 시드니에서 본 오페라하우스와 함께 2대 장관이라고 한다.

오페라하우스는 덴마크 사람 요른오철이란 사람이 조개껍질 모양을 본떠 건축했다고 한다. 연 3백만 명을 수용할 수 있는 이 하우스는 앞뒤 자리에서, 같은 음향으로 들린다고 한다. 세계 20대 걸작품으로 시드니(sydner)의 상징물이라고 했다.

그래, 그들의 건축물이나 삶이 바로 예술이듯이, 수염 한 번 깎는 일도 예술을 생각하는 인간의 삶이 그립다.

외식문화

중국 원자바오 총리가 대학생들과 846원(4.7위안)짜리 점심을 먹었다 해서 화제가 된 일이 있었다. 그래서 '평민 총리'라는 애칭을 받기도 했다. 사실 외식문화는 그 나라의 의식수준과 문화수준을 가늠하는 중요한 지렛대가 되지 않을까 싶다. 예로부터 사람 사는 형편을 의식주라 했으니 더 말할 나위도 없는 일이 아닌가.

외국 사람들까지 한국의 김치나 불고기를 모르는 사람이 없을 정도이니, 한국음식은 가히 세계적이라 할 만하다. 키퍼 서덜랜드 같은 미국 배우는 서울에 와서 김치와 소고기를 실컷 먹었다고 자랑까지 했다 한다. 특히 한국 김치는 세계적인 음식이 되지 않았는가. 오죽했으면 감기까지 잡는다고 했겠는가. 지휘자 정명훈 씨가 프랑스 파리에서 열린 세계경제협력개발기구 행사에서 직접 디자인한 한식요리까지 선보였으니 말이다.

어디 그 뿐인가. 제주에서 열린 한·아세안정상회의에서

는 이명박 대통령이 손수 앞치마를 두르고 한식 전도사로 나섰으니 더 말해 무엇 하겠는가. 이제 우리나라도 '민관합동 한식 세계화 추진단'이 결성되었으니, 바야흐로 우리 한식의 세계화가 앞당겨질 전망이다. 한국의 비빔밥은 기내식으로 유명하다. 여기에 없어서는 안 될 고추장도 국제식품규격위원회 로마총회에서 국제적으로 통용되는 식품으로 공인받았다.

태국에서는 2001년부터 태국음식세계화 프로젝트를 활성화하기 시작했다. 우리 한식의 세계화는 한 발 늦은 셈이다. 그들은 태국음식 세계 5대 음식수출국으로 성장한다는 목표를 두고 노력해 오고 있다.

이처럼 지금은 식도락가라는 이름이 말해주듯이 먹는 일이 살기 위한 방편을 떠나, 즐기는 일이 되고 있다. 음식이 나라의 이미지는 물론, 수출의 효자품목으로 각광받게 된 것이다. 이러한 음식문화의 성장사는 ≪길 따라 맛 따라≫라는 책이나, 어느 방송국에서 선정한 ≪맛있는 음식집≫이라는 푯말 같은 것을 보면 짐작할 수 있는 일이다.

나는 일주일에 두 번쯤은 외식을 한다. 모임이 있거나, 오랜만에 친구를 만날 때는 같이 식사를 하게 된다. 이제 애들이 다 커서 가정을 꾸리고 단 둘만 남고 보니, 밥을 사먹는 일이 잦다. 또 삼계탕이니, 오리탕이니, 자라탕이니, 냉면이니 하고 다니다가, 꿩고기 맛이나 열 가지 맛이 난다는 고래 고기 맛도 보기 위해 먼 길을 나서기도 한다. 그래서 음식에도 특허가 붙은 것이 많다.

며칠 전에도 지역발전을 위한 '봄 연찬회' 행사장에서 흔치 않다는 고래 고기 맛을 본 일이 있다. 이렇듯 먹는 일이 하나의 사치처럼 된 시대에 우리는 살고 있다. 그 옛날 보릿고개 시절을 생각하면, 세월이 변해도 너무 많이 변했다는 생각을 지울 수 없다.

지금은 남이 먹다 남긴 음식을 다른 손님에게 다시 내어놓지 못하도록 법을 만들어 놓았지만, 그전까지만 해도 나는 외식을 할 때마다 늘 찜찜한 생각을 떨쳐버리지 못했다. 한국음식의 한 특징 때문이기도 하겠지만, 남이 먹다 남긴 음식을 다시 내어놓는 습성 때문이었다. 남이 먹다 남긴 반찬을 그대로 다시 내어놓는 것은 말할 것도 없고, 심지어 국까지 남이 남긴 것을 그대로 내놓았다고 했다. 어떤 음식점에서는 쉰밥까지 물에 씻어서 콩나물 비빔밥을 만들어 팔았다지 않는가. 더구나 주방의 위생 상태는 더욱 가관이었다.

그 때 내가 사는 도시에서 꼭 한 군데, 재탕을 하지 않는 곳이 있다면서 누가 안내를 하였다. 가보니 음식을 아주 조금씩 내놓는 것이 아닌가. 모자라면 더 주면 되니 말이다. 그 식당에는 반찬마다 칸을 질러 따로 보관하고 있었다. 일본 사람들 음식 내어놓는 것을 보면, 김 한 장이 손바닥 반보다도 더 작지 않던가. 모자라면 더 달라면 된다. 이렇게 조금씩만 주면 되는 간단한 일을 왜 일찍 시행하지 못했던가. 끝내 법까지 만들어야 했다니 아쉬운 일이다.

재탕이라서 소화는 제대로 잘 되었는지 모를 일이다. 소화 장애에는 바나나같이 노란색 먹거리를 먹고 노란 옷을 입으라고 한다. 세상일이 모두 탐탁지 않고 마음에 걸려, 소통 즉 소화가 되지 않는다면 어찌 밥 한 그릇이 제대로 소화될 수 있겠는가.

음식 이야기가 나왔으니 말이지, 미원과 미풍이 서로 시장을 확보하기 위해 싸울 때, 미풍은 '고향의 맛 다시다'를 들먹이지 않았던가. '고향의 맛'에서 향수, 그 따뜻한 어머니의 품안'을 그리게 한 것이다. 그릇의 크기를 작게 해 자연스럽게 소식(小食)을 유도하는 것을 넛지(Nudge)라고 한다.

페루의 원시인 부나니이족이 돼지 한 마리를 잡아서 2백여 명이 똑같이 나누어 먹는 것을 보았다. 사람 수만큼 음식을 만들어내는 것이 아니라, 있는 음식을 사람 수에 따라 나누어 먹는 것이 원시인들의 식습관인 것 같았다.

사실 이 세상에서 사람이 못 먹는 것은 없는 모양이다. 우리끼리 먹고 먹힌 식인종의 경우가 그렇다. 그 대신 우리는 또 호랑이의 먹이(虎食)가 되어주지 않았던가. 모기 눈깔이나, 제비집, 돌도 먹고, 흙도 먹고 심지어 어느 오지 탐

험가는 사람의 똥도 먹어보라고 했으니 말이다. 그러나 사람보다 더 먹성이 좋은 놈은 바퀴벌레라고 한다. 사람의 손톱까지 먹는다고 하니 말이다. 그래서 어떤 분은 가끔 단식을 하면서 몸에 밴 독소를 털어버리란다. 모든 생각을 끊고 가끔 머리를 식혀보라고 한다.

여기까지 쓰다 보니 문득 음식에 몹시 까다로웠다는 공자님 생각이 난다. 나는 음식투정이라도 한번 닮아보고 싶다. 굶어죽은 귀신이 또 굶어죽었다는 외식타령이 어디 있겠는가. 지난날을 생각하면 이 외식타령조차 정말 송구스러운 노릇이 아니겠는가.

흥부가 귀때기에 붙은 밥풀이라도 떼먹으라고, 밥 주개로 뺨을 친 그 형수의 아량이 넛지처럼 참 맹랑하다.

융합의 논리

나는 아침마다 한 시간 남짓 산책한다. 건강을 위해서다. 나이 들어 여러 가지 운동을 할 필요 없이 걷기만 하면 된다. 걷기는 사실상 온몸운동이기 때문이다. 팔과 다리를 움직이고 심호흡을 하니 온몸운동과 심폐운동이 되며, 갈만한 곳을 정하는 등 두뇌운동까지 겸하게 된다는 걷기 예찬론자도 없잖다. 그것도 어쩌면 융합이라는 뜻인지 모른다. 옷 한 벌을 보더라도 융합이라는 생각이 든다. 이도이 디자이너는 옷에 건축이나 회화, 미디어 아트를 입힌다. '춤', '별', '꿈', '술' 등 한글을 수놓는다.

사실상 융합은 존재의 논리라 해도 좋을 것이다. 존재는 그 구성요소가 융합된 결과다. 그것을 불교에서는 인연이라고 했다. 나를 구성하고 있는 모든 원소가 결합된 집합체니 말이다. 그래서 질량불변의 법칙이 아닌가. 그들이 융합에서 서로 이탈하여 각자 제 갈 길을 가고 나면, 거기 무(無)라는 것이 도사리고 있게 되는 것이 아닌가.

유럽도 통일이 되고, 동서의학도 협진을 이루게 되고, 학문도 통섭(統攝)의 세계를 이루고, 서양의 오케스트라와 동양의 관현악이 협연하는가 하면, 우리나라에도 인도, 베트남 등 여러 나라에서 온 이들이 일백이십만 명이나 된다고 하지 않는가. 그야말로 다문화사회가 되었다. 그래서 이제는 융합형 인재를 길러내어야 한다는 이야기가 설득력을 갖게 된다.

무지개가 그렇듯 아름다운 것도 일곱 가지 색깔이 어우러진 탓이다. 사람이 사는 이치는 바로 이 어울림 즉 융화의 법칙 이외 다름 아닌 것이다.

사지선다형 문제, 단답형 인간은 이제 안 된다. 우리는 그동안 흑이 아니면 백, 그 여백 즉 회색, 그런 중도형을 무시해 왔다. 이것 아니면 저것, 죽기 아니면 까무러치기, 그 막가파적 절규는 걷어치워야 한다.

제품 하나에도 기술, 디자인, 철학, 인문학 등 다양한 개념이 들어가는데, 대학은 아직도 전자공학과, 화학공학과, 경영학과로 나누어져 기성품처럼 똑같은 인재만 찍어내고 있다고 이기태 연세대 교수는 역설하고 있다.

사실상 외톨이는 문제투성이가 아닌가. 남의 집안에서 행복한 웃음소리가 나는 것이 싫어 이른바 '묻지 마 살인'을 한 경우가 있었으니 말이다. '묻지 마 범죄'가 2007년에는 366건, 2008년 454건, 2009년에는 572건으로 매년 늘어

나는 추세라고 한다. 앞으로도 이러한 범죄가 줄어들 가능성이 없다는데, 큰 걱정을 하고 있는 것이다.

푸른 바늘로 구슬을 꿰었으니
솔잎 위의 이슬인가.
(珠貫青針松葉露)

김시습이 다섯 살 때 지은 시라고 한다. 그렇다. 구슬이 서 말이라도 꿰지 않으면 소용이 없다. 꿰는 것이 종요한 것이다. 부뚜막에 있는 소금도 집어넣어야 짜다고 하지 않았는가. 소금이 들어가야 음식 맛이 난다. 모두 융화의 구실이 아닌가. 한약에 감초가 들어가는 이치도 이와 같다.

요령(要領)이라는 말이 있다. 허리와 목을 말한다. 유연성을 말할 때 흔히 쓰이곤 한다. 어떤 일을 도모할 때, 그 핵심이 되는 논리를 뜻하기도 한다. 합창에 있어 화음이 안 된다면 큰일이 아닌가. 융화는 노래의 후렴쯤 될는지 모른다. 시조에 있어서 종장, 그 첫 연 세 글자가 되는 것이리라.

융화라 했겠다. 수필이라면 유머와 위트도 반드시 어울려 한 몫 하게 마련이 아닌가. 그래서 ≪대화유머기법≫이란 책을 펴봤더니,

'요조숙녀'가 '요강에 조용히 앉아 있는 숙녀'

'돈까스'가 '돼지 방귀'

라고 쓰여 있다. 디자이너 이브 생 로랑은 옷은 사랑의 스토리를 입힌 것이라고 했다. 그 사상, 숨고르기 말이다.

은혜

고생은 사서라도 해야 한다고 했다. 신입사원들의 지옥 훈련이라는 것도 그래서 필요한 것이다. 나도 고생을 좀 했다. 어릴 때 장질부사를 두 번씩이나 앓았다. 의료시설이 부실했던 시절이라, 거의 반년 가까이 학교를 쉬었던 나는 동네에서 소문이 났었다. 무슨 아이가 반년 가까이 앓아누웠느냐고 말이다.

나는 위암을 앓아 위를 삼분의 이 이상 잘라내었다. 그 덕분에 인생이란 무엇이며, 어떻게 사는 것이 값진 삶인가 하는 것을 깨닫게 되었다. 죽음의 문턱을 드나들어 보지 않고 어떻게 삶을 알겠는가. 그래서 나는 깊은 깨달음을 준 병에게 감사하고 또 감사하고 있다. 득도한 이들은 모두 고행을 통해 삶의 지혜를 얻었던 것이다.

그래서 사람은 참으로 신비하다는 생각을 하게 된다. 자기를 알기 위해서 왜 꼭 처절한 고통을 수반하게 되는가 하는 것이다. 기쁨 속에서는 왜 깨달음이 올 수 없는 것인가.

왜 고통 속에서 뇌 줄기가 튼튼하게 자라게 되고, 왜 기쁨 속에서는 잘 성숙하지 못하는가 말이다.

물론 웃음에는 사람의 병을 치유하는 능력이 있다고 한다. 그래서 웃음치료가 성행하고 있는 것이 아닌가. 웃으면 병을 치유하는 체액이 나오기 때문이라고 한다. 그런 체액은 왜 평소에는 나오지 않는 것인가. 병은 바로 스트레스라고 했다. 생각이 나를 살리고 나를 죽이기도 한다는 이야기가 아닌가.

바닷물은 하루에 삼천만 번이나 출렁이면서 자신을 드러낸다고 한다. 그렇듯 사람의 신체는 운동을 하고 단련을 해야 건강해진다. 뇌도 마찬가지다. 고생을 해봐야 뇌줄기가 강해진다는 이치가 여기에 있다. 그래서 예부터 어렸을 때 고생은 사서라도 하라고 했다.

우리가 글을 쓸 때도 습작이라는 기간을 거치기 마련이다. 물론 그 기간은 사람마다 다 다르겠지만, 몇 년은 걸리기 마련이다. 어떤 이들을 일생 동안 습작에 머물렀네 하고 너털웃음을 웃곤 한다. 세상 모든 일이 그렇지 않은가. 누가 나는 이 방면에 일가를 이루었다고 감히 장담할 수 있겠느냐 말이다.

목을 틔우기 위해 폭포수가 쏟아지는 강가에서 피가 나도록 노래를 연습한다는 이야기를 듣고 있는 것이 아닌가. 어떤 작가라도 그의 대표작 한두 편이 그의 예술인생을 좌

우하는 것을 보면, 참으로 예술적 한 생애가 얼마나 힘든가 하는 것을 짐작하게 된다.

물론 여기에 비하면 도인의 생활은 더 말해 뭘하겠는가.

옛날에 검소한 생활을 하던 스님이 대단한 잔치에 초청되어 가게 되었다. 항상 낡은 옷, 떨어진 신을 신고 다니던 그 스님은 여느 때와 똑같은 차림으로 잔칫집에 나타났다. 그런데 문지기들은 '거지는 이런 데 올 수 없다.'면서 그 스님을 쫓아버렸다. 그래서 스님은 좋은 옷을 빌려 입고 그 자리에 갔다. 문지기들은 굽실거리며 그 스님을 윗자리에 모셨다.

식사시간이 시작되었을 때 그 스님은 맛있는 음식을 먹지 않고 자꾸 옷에다가 들이부었다. 의아하게 생각하던 사람들이 그 스님에게 물었다.

"스님 왜 음식을 옷에다가 부으십니까?"

"이 곳에서는 이 음식들을 날 보고 주는 것이 아니라, 내 옷을 보고 주는 것임을 알게 되었어요. 그래서 음식을 옷에 붓고 있어요." 하고 웃는 것이 아닌가.

118세에 열반에 든 판공스님은 죽기 4시간 전에 노래 4곡을 불렀다고 한다. 아마 열반송이었으리라. 자기의 열반할 시간을 정확히 말하면서, 주위를 둘러보고, '이제 가야 할 때'라고 선언하고 나서 떠났으니, 진정 득도(得道)한 이가 아닌가. 득도, 그보다 더 큰 은혜가 어디 있을까 싶다.

그러나 득도에 이르기까지의 노력을 생각하면 눈물겹지 않겠는가.

우리가 가을에 떨어지는 나뭇잎 하나를 보려고 해도 눈이 있어야 하고, 빛이 있어야 하고, 생각하지도 않았던 먼지도 있어야 한다. 수많은 먼지가 빛과 부딪혔을 때, 그 반사광을 통해서 사물을 식별할 수 있는 것이다. 빛만 있어서는 나뭇잎 하나도 볼 수 없다. 우리가 살기 위해서는 수많은 조건들이 마련되어야 하는 것이다. 바로 신비한 조화다.

그래서 나라는 존재는 바로 은혜로 둘러싸인, 신비한 존재라 해도 좋을 것이다.

이웃

거미는 그물을 쳐놓고, 거기에 걸려드는 곤충들을 모두 잡아먹는다. 어떻게 보면, 자기 집에 놀러온 생태계 진객(珍客)들을 모두 잡아먹는 격이 된다. 사람의 처지에서 보면 참으로 무서운 이웃이 아닌가.

우리들은 이른바 '이웃사촌'이라고 하여 자기 집은 말할 것도 없고, 이웃에 살기만 해도 사촌이라고 생각하지 않았던가. 그러나 요즘은 '이웃원수'라는 말까지 떠돌고 있는 세상이 된 셈이다. 사실상 세월 따라 '사촌이 원수'로 둔갑하고 있는 실정이라 해도 할 말이 없게 된 세상이 아닌가. 요즘 문제가 되고 있는 층간소음도 그렇다. 보도에 의하면 층간소음 탓으로 사람을 죽인 사건까지 보도되고 있을 뿐 아니라, '층간소음 조정위원회'라는 것까지 만들어졌다.

그러나 예로부터 이웃사촌, 그 아름다운 전통은 사실상 그대로 이어오고 있는 것도 사실이 아닐까 싶다. 그래서 '사촌이 논을 사면 배가 아프다.'는 말도 새로운 해석이 등

장하고 있는 것이리라. 사촌이 논을 사야, 그 논에 거름이 될 만한 똥이나 오줌이라도 공급해 주어야 하기 때문이다. 그러려면 배라도 아파야 할 것이 아니겠는가.

사실상 지난날에는 어린이들은 동네 아이들이 대신 키워 주었다 해도 과언이 아닐 것이다. 귀엽다면서 다투어가며 서로 업어주는가 하면 같이 놀아주었기 때문이다. 그때 아이들은 잘도 놀았다. 술래잡기, 줄넘기, 구슬치기, 땅 따먹기, 강강술래 등등 노는 가짓수도 많았다. 지금은 아이 귀엽다고 손만 대면 추행혐의로 잡혀가고 말 것이 아닌가. 버려지는 아이들은 또 얼마나 많은가.

어린 시절 내가 경주에서 살 때였다. 친구 집에 놀러 갔다 오니, 난데없이 우리 집 주위에 새끼줄을 쳐놓고 출입금지라는 팻말을 붙여놓은 채, 출입을 통제하고 있는 것이 아닌가. 자기 집까지 들어가지 못한다면 어쩌란 말인가. 그 당시 호열자라는 병이 돌아 그 병에 감염된 집에는 사람들의 출입을 통제한다는 것이었다. 이미 그 병에 걸린 어머니는 지정된 병원에 후송되었던 것이다.

사람의 출입이 금지되었으니, 나는 집안에서 혼자 꼼짝없이 굶고 지낼 수밖에 없었다. 아버지께서는 그 사실도 모르고 어느 지방에 장기 출타중이었기 때문이다. 집에는 쌀도 반찬거리도 없었다. 이렇게 며칠쯤 지냈을까. 이 사실을 어떻게 알았는지, 매일 밥과 반찬을 갖고 와서 나를 구해준

이가 있었다. 그분은 우리 집 이웃에서 약방을 경영하던 분이었다. 만약 그분의 정성이 아니었다면 나는 아마 어릴 때 굶어서 죽었을는지 모른다. 그 후 나는 그분의 고마움을 잊지 못해 그 때 그 약방을 찾아가 보았으나, 이미 이사를 떠난 뒤였다. 나는 지금까지 그 약방주인의 은덕을 잊지 못하고 있다.

지금 이 글을 쓰면서 눈시울이 뜨거워지는 것은 그 은혜가 너무 크기 때문이다. 사실상 그분의 보살핌이 없었다면 아마 나는 아사(餓死)하고 말았을지 모를 일이 아닌가. 누가 도와주려 해도 나의 그 딱한 사정을 사실상 외부에서는 몰랐으니 말이다. 이제 나는 그 고마운 은인에게 은혜의 만분의 일이라도 갚기 위해 어려운 사람을 도우면서 뜻 깊은 일생을 살아가야 할 것이다.

이 글 한 편이 어찌 그분을 위한 위안이 되겠는가. 이른바 생명의 은인에게 바쳐야 할 도리야말로 말과 글로써는 다 표현할 수 없을 것이니, 나름대로 그에 상응하는 기념비적 사업이라도 결행해야 할 것이 아닌가 생각해 보고 있는 것이다.

살아서 보고 싶은 사람이여
지금 너는 어느 땅, 어느 하늘 아래
솔 씨라도 씹으며 살고 있는가?

꿈에라도 한 번 보고 싶은 사람이여
한 방울 사랑과 정을 쏟아놓고
눈물과 정성을 부어놓고 발길을 저어 놓고
마지막 유언처럼 밤길을 펴놓고
달빛처럼 살아가던 사람이여
살아서 한 번 보고 싶은 사람이여.

금년에도 나는 이 봄이 다 가기 전에 한번 경주에 들러서 그 집 앞을 지나가 볼 것이다. 비록 그 은인을 만나지 못한다 하더라도 나는 매년 그곳에 들러, 그 때 그 기억을 더듬어 보면서, 애틋한 정을 되씹어 볼 것이다. 반월성에 올라 그 집 부근을 그려 볼 것이다.

자살

사실 '자살'이라는 제목을 붙여놓고 보니 스스로 부담스런 느낌을 지울 수가 없다. 언젠가 나는 자살이란 인간에게 주어진 유일한 특권이라는 생각을 한 일이 있었다. 뿐만 아니라, 자살을 주제로 소설을 쓴 일도 있다. 한때 자살예방협회 고문을 맡았던 인연도 있다. 그러나 자살예방을 위해 별로 한 일이 없어 자살에 대한 글이라도 한 편 써서 빚진 마음을 달래보고 싶다.

내가 잘 아는 어느 문인은 두 번씩이나 자살을 시도했으나 결국 실패한 이력을 갖고 있다. 그에게 왜 두 번씩이나 자살을 시도했느냐고 물었더니, 고등학교 시절에 뜻 맞는 친구와 우리는 장성해서 자살을 하자고 약속을 했다는 것이다. 그런데 그 약속 대로 친구는 자살을 했는데, 자기는 번번이 자살에 실패하여 고인에게 면목이 없다면서 울먹였다. 그 때 나는 그런 약속이 어디 있느냐 자살을 두 번씩이나 실패한 것은 결국 자살을 하지 말라는 운명이라면서 경고하듯 꾸짖었다.

어느 법조인이 자살을 했다. 친구는 그가 자살한 원인을 세상에 태어나서 자기가 생각한 것, 원한 모든 일이 바라는 대로 이루어졌기 때문이라고 진단했다. 좋은 가정에 태어나서, 가고 싶은 대학교에 가고, 원하는 학과에 진학했다, 좋은 직장은 물론 결혼도 이상적이었다. 사법고시에도 합격했다. 증권에 투자하여 큰돈도 벌었다. 딸 둘 아들 하나까지 원하는 것은 모두 이루었다. 무엇이든 뜻하는 대로 다 이루고 보니 세상이 무미건조했는지 모른다. 친구는 그놈의 딸이나 아들 하나만 못 낳았어도 어쩌면 죽지 않았을는지 모를 일이라고 한숨을 쉬었다. 사실 6·25사변 때는 자살자가 없었다고 하지 않던가.

자살할 만한 용기가 있다면 못할 일이 어디 있겠느냐고 많은 사람들은 말한다. 그렇다. 자살을 거꾸로 읽어보면, '자살' 즉 '살자'가 되지 않는가. '살자', '살자' 하고 말이다. '산다'는 말도 그렇다. 거꾸로 '다산'이 된다. '多産(다산)'이라, 자식 많이 낳는다는 말이 된다. 우리는 옛날에 다산을 복 중에 제일 큰 복으로 여겼다.

지금 우리나라에서는 10만 명당 34,8명이 자살을 한다고 한다. 특히 유명배우 최진실의 자살은 많은 사람들의 마음을 아프게 했다. 그 때 나는 '최진실은 죽지 않았다. 지금 저승에 가다가 이승으로 다시 돌아오고 있는 중이라'는 시까지 흥얼거렸으니 말이다.

자살하는 방법도 나라마다 특징이 있는 것 같다. 서양 사람은 주로 권총자살을 하고, 일본 사람들은 할복자살을 많이 하고, 한국 사람들은 투신자살을 선호하는 것 같다. 그러나 겨울에는 자살이 좀 뜸하다고 한다. 찬물에 몸을 던지기가 소름끼치는 일이라는 것이다. 이왕 죽는 몸인데도 찬물에 닿는 기분까지 배려하다니 자살도 별것 아니라는 것을 알게 된다. 자살을 병으로 치부하는 까닭을 알만하다. 자살도 유행을 타니 말이다. 어느 유명인이 자살을 하면 잇달아 자살이 이어지는 경우를 보게 되는 것이 아닌가.

우리나라 역사를 보면 자살을 강요당한 실례가 많다. 이른바 '사약 받기'가 그것이다. 사극에 보면 장희빈이 임금으로부터 사약을 받게 되지만, 이를 마시지 않고 버티다가 군졸들이 강제로 입을 벌려 사약을 들여 붓는 경우까지 보게 된다.

거미나 박쥐, 뱀들 중에는 죽은 듯이 있다가 먹이를 낚아채는 놈도 있다 한다. 죽음을 위장하면서까지 악착같이 살려고 하는 무리들 중에 사람들만이 스스로 죽음을 택할 줄 안 이유는 무엇일까. 어쩌면 생태계의 마지막 단계인 사람들은, 그들 스스로를 잡아먹는 이른바 식인종의 후예였기 때문인지도 모른다. 전쟁이 그러하듯이.

성서에서는 예수를 팔아먹은 유다가 처음 자살자로 등장

한다. 그래서 자살은 산 자에 대한 최소한의 예의가 될는지 모를 일이다. 그러나 살아남은 자의 슬픔을 죽는 자가 어찌 감당할 수 있겠는가. 이렇듯 '자살'에 대해 글을 쓰다 보니 결말이 나지 않고 자꾸만 난감해진다. 아마 길을 잘못 든 모양이다.

성자 간디가 차에 오르다가 실수로 한 쪽 고무신이 벗어져 차 밑으로 떨어지고 말았다. 그 때 간디는 남은 한 쪽 고무신마저 벗어 던져버리는 것이 아닌가. 그 때 제자 한 사람이 "선생님, 한 쪽 신발을 왜 벗어 던져버리는 것입니까?" 하고 물었다. 그 때 간디는 "한 켤레가 되어야 주운 사람이 신을 수 있잖아." 하고 웃는 것이었다. 이 말을 상기하면서 나는 제발 '죽어서 거름이 될 수 있는 땅에 묻히는 복 만큼 자살도 염치가 있으려면.' 하고 염원해 본다.

나이 들어 열반할 날을 예상한 스님들 중에는 적당한 시기가 되면, 미리 곡기를 끊는다고 하지 않는가. 이는 사실상 자살행위나 진배없다. 죽어서도 5일 동안 몸이 썩지 않으면 금칠을 한다는 것이다. 이쯤 되면 가히 수련을 통한 입신의 경지에 이른 것이라 하겠다. 하지만 불법에서는 죽고 사는 것이 원래 없다 했으니, 자살이란 말이 성립될 수 없지 않는가. 존엄사도 자살의 외연(外延)이 아닌가. "자살, 그래 원망할 일만은 아니겠지…." 다만, '살자'는 두 글자만 솔거(率居)의 그림 속에서 메아리치고 있다.

인간 동물론

나는 어릴 때, '인간은 만물의 영장이다. 인간답게 살아야 한다.'는 말을 늘 들으면서 살아왔다. 그래서 공자나 맹자 등 인간 덕목에 관한 이야기나 글귀들을 교과서처럼 외우면서 자라온 셈이다. '부자유친' '군신유의' '장유유서'라는 글귀 등은 일상의 소일거리가 된 것이다.

그러나 집단살상이라는 전쟁을 생각해 보면, 사람이야말로 짐승보다 못한 생명체가 아닌가 하는 의구심도 생기게 마련이 아닌가. 거기에는 식인종이라는 본성이라고 할까, 성서에 나오는 그 카인의 후예와 같은 핏줄이 흐르고 있는지도 모를 일이다.

얼마 전에 TV에 방영된 이야기로, 독자들도 두루 기억하고 있을 것으로 생각된다. 며느리가 돈에 눈이 어두워, 집안사람들을 모두 사망보험에 가입시켜놓고, 시아버지와 시어머니 그 외 식구들을 한 사람씩 죽여, 사망 보험금을 탔다. 마지막으로 딸은 차마 귀엽고, 불쌍해서 죽이지 못하고 망

설이고 있었다. 그러나 끝내 돈 욕심에 못 이겨 딸까지 죽이고, 보험금을 타내었다는 소름끼치는 이야기를 말이다.

지금은 대학생이 되었지만, 우리 집 맞은편에 살던 꼬마는 나를 잘 따랐다. 기이하게도 나의 발자국 소리만 듣게 되면, 문을 열고 뛰어나와 나에게 안기곤 했다. 나는 수업이 끝나고 집에 있는 날이면, 그 꼬마하고 놀이터에 가서 함께 놀았다. 얼마나 영리했으면, 사람의 발자국 소리를 듣고, 나와 다른 사람을 구별해 냈을까. 지금 생각해도 이해가 잘 가지 않는다.

오늘날은 이 사랑스러운 어린이들이 많이 희생되고 있어 놀랍고, 가슴 아픈 일이 아닐 수 없다. 날만 새면 어린이를 죽였다는 이야기로 들끓고 있으니, 세상이 돌아 버린 것은 아닌지, 나 자신이 어리둥절해진다. 낳은 지 불과 다섯 달 밖에 안된 어린 딸을 땅바닥에 떨어뜨려 죽이는가 하면, 창원의 일곱 살 난 여자아이, 평택의 원영이, 청주의 어린 여자아이가 살해되어 땅에 묻혔다.

로랜드고릴라가 10억 원, 오랑우탄 3억 원, 코끼리는 2억5천만 원이라고 국내 동물원은 동물들의 몸값을 밝혔다. 그런데 참새 한 마리는 180만원이라고 했다. 끝없이 버려지는 아이들에 비하면, 사람과 짐승들의 몸값 차이가 너무 심하지 않는가.

그래서인가. 요즘은 화초를 가꾸거나, 개나 고양이 등 동물을 키우는 집들이 늘어나고 있는 것이 아닌가. 어느 젊은 이는 뱀을 몇 마리씩이나 키우고 있었다.

15년째 일백칠십 마리의 개를 키우고 있는 어느 아주머니는 그들 이름을 거의 기억하고 있으며 모든 개에게 옷을 지어 입혀주고 있었다. 이렇게 많은 개를 기르고 있으니, 그만한 부지를 확보한 집을 구하기가 쉽지 않아, 이사만 열일곱 차례나 했다. 그렇게 많은 개들 중에는 간단한 사람의 말 몇 마디쯤은 알아듣는 놈도 있다고 한다.

우리는 흔히 '개보다 못한 놈.'이란 말을 자주 하고 있는데 사람들은 욕 중에 가장 듣기 싫은 욕으로 여기고 있다. 그러나 사실 이 말은 진실이 아닌가. 개보다 못한 사람이 너무나 많기 때문이다. 그래서일까? 집에 불이 났을 때, 노부모를 놔주고 개를 먼저 안고 나온 사실도 있었으니 말이다. 이러한 사실이 보도되자 한 동안 매스컴에서는 말들이 많았던 것을 우리는 기억하고 있다.

그러나 뭐니 뭐니 해도 인간 범죄사에 기록된 서양식 능지처참 즉 살천도(殺千刀) 이야기는 소름이 끼친다. 사타구니부터 어깨까지 산 채로 말뚝에 꿰어 처형했다는 기원전 12세기 아시리아 왕의 이야기는 듣기만 해도 정신이 몽롱해진다, 수천 번에 걸쳐 조금씩 살을 칼로 발라내는 형벌, 살천도를 좋아했던 로마 황제 칼리굴라는 온정한 정신소유자로 생각되지 않는다. 기독교인의 몸에 타르를 발라 살아

있는 인간 횃불로 사용했던 네로황제 시대 로마인 등 너무 끔직해서 언어로 옮기기조차 혐오스럽다.

하지만, 이렇게 사람을 죽이는 일이 영광스러운 듯, 자기들의 소행이라고 꼭 밝히는 집단도 있지 않는가.

그렇다. 이렇게 쓰다 보니 매우 민망스러운 글이 되지 않았나 싶다. 그렇다면 이 글을 여기서 끝내야 하지 않을까 싶다. 그러나 떠나면서 피눈물 한 방울쯤 떨어뜨려놓아야 하리라.

> 오늘 이 세상 떠난다 생각하니/ 뵈는 것 다 아름답구나.
> 미운 사람 어디 있었던가/ 더러운 것 어디 있었던가.
> 떠나는 나와 보내는 너/ 눈을 감으며 흘리는/ 눈물 한 방울.
> —김형영, 시 〈눈물 한 방울〉에서

그래서 이 수필의 제목도 '인간 동물론'이 아닌, '인간 천사론'으로 고쳐두고 싶은 날이 언젠가 올 것으로 기대해 보게 되는 것이 아닌가?!

'새는 연못가 나무에서 울고/ 스님은 달 아래 문을 민다.'는 당나라 "가도"의 시 한 구절 중, "민다."를 "두드린다."로 고쳤듯이 말이다.

3부

행복론

줄

줄을 생각하면 먼저 줄타기놀음이 생각난다. 아슬아슬한 그 공중에서의 줄타기놀음은 얼마나 재미있는가. 공중에서 줄을 타고 걷는다는 것도 어렵고 힘든 노릇이지만, 껑충껑충 뛰는 묘기야말로 손에 땀을 쥐게 하는 놀음이 아닐 수 없다. 어렸을 때 친구들과 연을 날리면서 친구들의 연줄을 끊어먹기 위해서 병을 으깨어 가루를 만든 후에, 그 가루를 풀에 섞어 연줄을 만들었던 기억이 새삼스럽다. 그리고 줄의 근원, 그 상징은 아마도 탯줄이 아닐까 싶다. 그 생명줄 말이다.

지금은 보기 힘들어졌지만, 옛날에는 아이를 낳은 집에서는 대문 앞에 금줄을 쳐서 붉은 고추 등을 달아놓았던 기억도 새롭다. 출입을 조심하라는 의미라 해석된다. 이 줄에 대한 이야기는 성경에도 나온다. 이른바 '부자가 천당에 들어가려면 낙타가 바늘구멍에 들어가는 일'보다 더 힘들다는 비유 말이다. 이 경우 사실상 낙타가 아니라, 밧줄의 오류라는 것을 알 수 있다. 낙타하고 실은 의미 상통이 잘 안 되기 때문이다. 밧줄은 사실 그 성질상 실과 조응이 될 뿐 낙타하고는 조응이 되지 않는다.

또 사람이 세상에 살기 위해서는 이른바 줄을 잘 서야 되지 않겠는가. 말하자면 자기를 지원해 줄 원군이 필요한 것이다. 뿐만 아니라 사실 줄이란 가족의 일원, 어느 집단의 일원 등 사실상 상징적으로 엮어진 단위라 할 수 있을 것이다. 뿐만 아니라, 줄무늬, 낚싯줄, 고래힘줄 등 줄의 사촌들은 많기도 하다.

조금은 지저분한 이야기가 될 줄 모르겠지만, 내가 어렸을 때만 해도 작은 동네에 화장실이 몇 개밖에 없어서 아침마다 화장실 앞에 줄을 서서 차례를 기다리는 진풍경이 벌어지곤 했다. 지금은 한 집에 화장실이 둘씩이나 있는데 말이다. 요즘은 차표나 극장표, 무슨 특별한 공연을 보기 위해 줄을 서는 경우는 있어도 예전처럼 그런 기막힌 줄을 서서 기다리는 사례는 없지 않는가. 개나 염소, 소 등을 끌고 가기 위에 목에 묶어 둔 줄이나, 죄를 지은 이들이 묶여가던 오랏줄 같은 것은 사실 생각조차 하기 싫은 것이 아닌가.

승진을 기다리는 줄서기나, 세뱃돈 같은 것을 준비하기 위해 오만 원짜리 새 지폐로 돈을 바꾸기 위해 줄을 서는 경우를 가끔 보게 되는 것은 그나마 낭만적 풍경이라고나

할까. 줄이라니 생각나는 이야기가 또 있다.

옛날 선비 중에 성질이 너무 급한 이가 있어 자주 실수를 저지르곤 했다. 그래서 그를 잘 아는 친구 한 분이, 그에게 새끼줄을 건네주면서, '이 소를 잘 몰고 가게.' 하고 웃는 것이 아닌가. 물론 그가 받은 새끼줄에는 실제로 소가 끌려가고 있지 않았다. 다만, 그런 시늉만 했을 따름이다. 매사에 신중하라는 경고 말이다. 그만한 우정과 비유를 오늘날 우리는 얼마나 소화하고 있는 것일까.

또 정월 보름에 즈음하여, 동네 사람들이 마을의 동제와 줄다리기가 성행하기도 했던 것을 기억하게 된다. 뿐만 아니라, '밧줄로 꽁꽁 묶어라, 내 사랑이 떠날 수 없게….'라는 노래도 있지 않은가.

그리고 또 힘 있는 사람에게 줄을 대기 위한 이야기로 반우가(飯牛歌)라는 노래까지 불렀다는 사연도 있다. 춘추전국시대 제나라의 환공을 섬겨 재상이 된 연칙이라는 사람이 있었다. 그가 아직 등용되기 전에 환공에게 줄을 대기 위해 환공이 외출할 때, 소의 뿔을 두드리며 노래까지 불렀다는 고사까지 있으니 말이다.

내 호주머니에서 돈이 줄줄 새는 줄줄이 사탕도 곤란하지만, 돈푼이나 벌었다고, 줄줄이 날뛰는 모양은 더 보기 흉하지 않은가. 그래 인생의 줄도 늘 그 평행선을 잘 잡아야 하는 것이리라.

철가방 천사

누가 제목을 잘 뽑았다는 생각이 든다. 'ㅊ'이 겹쳐 좀 힘을 빼는 것 같지만.

'아저씨 잘 가요, 꼭 우리 가게로 다시 와요.'

월급 70만원을 쪼개 어려운 처지의 아이들을 돕다가 교통사고로 숨진 중국집 배달원 김우수(54)씨가 하늘로 떠난 29일, 새벽부터 비가 내렸다. 새벽 4시 30분 한 중년 남성이 '그를 생각하면 도무지 잠이 오지 않더라.'며 조문을 했다.

편의점에서 아르바이트를 마치고 가는 길에 들른 한 청년은 '아침 신문을 진열하다 김 씨 기사를 읽고 가슴이 찡해져 오게 됐다'고 했다. 빈소가 차려진 28일부터 29일 정오까지 360여 명이 찾아왔다. 이재훈 어린이재단 회장은 '알던 사람 조문가기도 쉽지 않은데, 스스로 찾아준 분들이 감사하다.'고 했다.

어린이재단 후원회장으로 상주를 맡아준 배우 최불암 씨

가 영전 앞에 소주 한 잔과 마른안주로 상을 받들었다.

"김우수 씨, 이제 후원금 모금 걱정 말고, 마음 편히 쉬어요."라고 말하는 그의 눈가가 촉촉했다.

김 씨는 아이들 후원금을 모으려고 5년 동안 술을 끊었다. 김 씨가 일했던 서울 일원동 동보성 사장 부부와 직원들, 하루 휴가를 낸 이웃 중국집 배달원이 김 씨를 배웅했다. 영결식장은 눈물바다였다.

청와대 만찬에 초대받은 날, 찍은 사진과 후원 아동들로부터 받은 편지가 함께 놓였다고 신문은 전하고 있다.

'10억 기부클럽' 출범, 첫 회원 홍명보 감독이라는 기사가 조선일보에 났다. 거기서 홍명보 감독은 말했다. "운동을 해보니 팀이 이기지 개인이 이기지 않더라."면서, "스포트라이트를 받는 선수보다 주변에서 말없이 뛰는 선수를 받쳐줘야 하나의 '팀'이 완성되는데, 사회도 이와 마찬가지인 것 같아 기부한다."고 말하고 있다.

이런 글을 읽을 때마다 나는 늘 부끄러운 생각을 떨쳐버리지 못하고 있다. 그러면서도 번번이 며칠 지니고 나면 까맣게 잊고 만다. 그러나 꼭 한번 나도 그런 경험을 한 기억은 갖고 있다. 이 지구상에서는 하루에 굶어죽은 어린이가 몇십 명이 된다거나, 돈 천 원이 없어 전염병 주사를 못 맞아 병에 걸려 죽는 어린이들이 많다는 등 기막힌 이야기들이 많아, 교회를 통하여 돈을 조금 부친 일이 있었다.

얼마나 지났을까. 나는 그 사실을 까맣게 잊고 있었다. 그런데 한번은 핸드폰에 문자 메시지가 와서 읽어 보았더니, '십일 동안 금식 기도를 마치는 날, 마침 돈이 와서 우리들이 고맙게 잘 쓰게 되었다.'고 지구의 오지 수단에서 고맙다는 답신이 온 것이다.

'기부문화'라는 말도 있지만, 남을 돕는다는 것이 이토록 아름다운 이야기, 그런 삶을 만들어내기 때문에 감동적인 일이라 하겠다. 무려 350억 원을 사회에 기부한 김병호, 김삼열 부부는 이쑤시개 한 개를 8조각으로 나누어 사용하는 구두쇠였다. 휴지도 두 번씩 썼다 한다. 식당에서 입을 닦은 휴지는 반드시 집으로 갖고 와 한 번 더 썼다고 한다. 물도 한 번 쓴 것을 버리지 않고 변기용으로 재활용한다고 했다.

우리나라에서 구두쇠 이야기는 세계 1등쯤 되지 않을까 싶다. 천정에 굴비를 매달아놓고 밥을 한 숟갈 뜨고는 굴비를 한번만 쳐다보라고 했으니 말이다. 아들놈이 두 번 쳐다봤다고 해서 혼을 냈다는 이야기는 한낱 유머라기보다, 우리나라 사람들의 절약정신을 말해주는 것이라 하겠다.

이와 같이 절약한 돈을 남을 위하여 선뜻 내어놓은 이는 참으로 성자와 같은 이들이 아닌가. 어느 분은 꺼져가는 생명을 살리기 위해 간을 이식해 주고, 눈도 떼어주는 등 장기 대부분을 떼어주고 빈 몸으로 기적같이 살고 있다고 했다. 현대의학으로서는 도저히 설명할 수 없다고 한다.

그는 가난을 덮고 잠들었다.
철가방 천사.
꿈마저 나누어 꾸어라
가진 것은 모두 하늘이 거두어 갔으리
살아서 얻은 것은 철가방 하나
밤길에 젖는 구름 한 점
흘러간 빗물처럼 너는 말없이 가고
네가 아끼던 귀여운 얼굴들만
이승에 모여 마지막 술 한 잔
목에 걸리는구나
너는 가고 철가방 하나 귀고리처럼 흔들리나니

사실 따지고 보면, 예부터 나누는 것을 낙으로 삼았던 것을 알 수 있다. 맹자가 일찍이 군자의 세 가지 즐거움에 대해 나눔을 이야기했듯이 말이다. 그는 진심편(眞心篇)에서, 부모가 살아계시고 형제가 무고한 것이 즐거움의 첫째요, 둘째가 하늘과 사람들에게 부끄럽지 않는 것이며, 셋째는 자기가 갖고 있는 지식을 다른 사람에게 베푸는 공유의 즐거움을 꼽았으니 말이다.

"120억 인구가 먹고 남을 만큼 식량이 생산되고 있는데도 왜 하루에 10만 명이나 굶고 있으며, 5초에 한 명의 어린이가 굶어죽고 있는가?" 하고 장 지글러는 지금 철가방 속에 이와 같은 의문의 질문지를 구겨 넣고 있다.

이 굶어죽은 귀신, 즉 아귀(餓鬼)들, 소는 배불리 먹는데도 사람은 굶어죽어야 하는 현실을, 저 식인종의 후예들에게 물어 보아라.

한지(韓紙)와 소통

소통에 대한 수필 한 편을 쓰려고 하니 문득 '한지'라는 생각이 떠올랐다. '소통'과 '한지'가 무슨 관계가 있는 것일까. 하고 곰곰 생각해보니, 한지는 바람을 막으면서 또한 미세하게나마 바람을 소통하는 속성을 가진 종이가 아닌가. 그래서 한지는 소통과 불통을 동시에 의미하는 상징물처럼 느껴졌기 때문이다.

그렇다. 한지는 소통인가 불통인가. 한지는 이 둘을 융합하는 한국화의 여백처럼, 어쩌면 치마끈을 물고 선 성춘향의 용심(用心)인가. 그렇다면 이 일은 활을 쏠 때처럼 내가 있고 없는 몰아(沒我)와 집중의 미학쯤 될 것이다.

소통은 또 이를 거꾸로 읽어보면 '통소'가 된다. 즉 '통소'는 퉁소의 원형으로서 소리를 내는 악기의 일종이 아닌가. 소리를 내는 악기, 즉 소통의 본질이 된다 하겠다. 소통이 단절되어 불통이 되면 끝내 분통(憤痛)이 터지는 것이다.

이런 자리야말로 있고 없는 빈 자리가 아닌가. 오규원의 시 '빈자리'가 말이다. 원래 내 자리를 비워가듯이 내 작품의 허물을 벗는다.

> **빈자리도 빈자리가 드나들**
> **빈자리가 필요하다**
> **질서도 문화도**
> **질서와 문화가 드나들 질서와 문화의**
> **빈자리가 필요하다**

빈자리에서 나뭇가지 하나를 붙잡아 아래로 끌어내리며 말했다. "제 자리에 올려놓고 싶으세요? 그것이 괴로움입니다. 이 지구상에 유일하게 사람만이 상대에 대해 옳다 그르다 판단하고 마음대로 고치려 합니다. 그런 마음 다 내려놓으세요. 지금 이 순간만 보세요. 그것이 명상입니다. 마음 좀 놓고 빈자리에 앉아 좀 쉬세요." 글쎄 이 화두도 소통의 한 형식이 아니겠는가.

이탈리아 수도 로마 길거리를 돌아다니던 길 잃은 네 살짜리 고양이 토마소가 백만장자 마리아 이순타(94세)로부터 무려 1,000만 파운드, 그러니까 우리나라 돈으로 약 180억 원의 유산을 받았다. 이 또한 인간과 동물과의 소통이 이루어진 셈이 아닌가.

그러나 가장 무서운 것은 '사실을 믿는 시대는 끝났다.'는 증언이다. 파하드 만주가 쓴 〈이기적 진실〉이란 책에서는 이러한 실례를 적어놓고 있다. 미국에 있는 세계무역센터에 대한 폭격이 있은 후 3년이 지난 해, 미국 9·11위원회는 1,200회에 이르는 관계자 인터뷰를 했다. 이를 토대로 납치범들이 여객기를 세계무역센터 건물에 돌진시켰다는 결론을 담았다. 570쪽이 넘는 보고서를 책으로 만들었으나 자작극이라는 음모론이 가시지 않았다. 말하자면 모두들 내 구미에 맞아야 객관적이라는 것이다. 이제 사실상 소통은 물 건너갔다는 이야기가 된 것이 아닌가. 말하자면 끼리끼리만 믿는 사회가 된 것이다. 이처럼 이기적인 진실이야말로 얼마나 위험한 발상인가.

지금도 또 괴소문들이 돌고 있는 것이 아닌가. 조선일보를 보니, '백인이 아이를 잡아먹는다는 괴소문' 이라는 기사가 실려 있다. 우리나라에서 개항이 시작된 120년 전에 서울에는 '백인이 전염병 약으로 어린아이들을 삶아먹는다.'는 괴소문이 실려 있다. 오늘날도 '사람을 유인해서 장기를 꺼내어 팔아먹는 이들이 있다.'는 괴소문이 돌고 있는 것이 아닌가. 이와 같은 소통의 병리현상은 사회적 두려움에서 오는 것이라 하겠다.

그래서일까. 한지에서 소통과 불통의 숨소리를 들으려 했던 것이 말이다. 태어난 죄를 감히 엿듣지 않겠다는 듯이.

황소

개를 호적에 등록하는 나라도 있다. 사실상 소는 우리 한국 사람에 있어서는 가족과 같은 존재가 아닌가. 호적에 등재해도 좋을 것이다. 소는 우리에게 먹을 고기를 제공해 주는 영양의 보고다. 논밭 갈기 등 농경사회에 있어서, 모든 노력을 감당해 주던 전천후 동물이라 해도 과언이 아닐 것이다. 옛날에는 또한 부의 상징이 되기도 했다.

물론 소를 일소로 길들이기 위해서는 많은 힘이 드는 것이 사실이다. '이랴, 이랴.' '워이, 워이.' 등 간단한 동작을 익히고, 잘 다스리려면 오랜 경험이 필요할 것으로 생각된다. 이렇게 오랜 동안 길러온 소를, 소싸움이란 이름으로 잔인하게 눈요기에 이용하는 인간의 심성은 너무 잔인하다는 생각까지 든다.

내가 어렸을 때, 일본에서 처음 한국에 와서 잠을 자다가 땡그랑땡그랑 하는 소리에 잠을 못잔 일이 있다. 아침에 일어나서 보니 소목에 걸어둔 요령소리가 아닌가. 소똥도 약에 쓰려면 없다는 말도 없지 않지만, 어릴 때 우리는 길가에서 망태를 메고 소똥을 주우러 다니는 모습을 자주 보아왔다. 사실 어려웠을 때는 쇠고기 한 번 싫증이 나도록 구워먹어 본다는 것이 그리 쉬운 일이 아니었던 것이다.

지금도 가까운 벗이라도 불러서 회식이라도 하려면, 소고기가 빠질 수 없는 것이 아닌가. 소불고기가 빠진 밥상은 어딘가 좀 허전하게 생각되는 것은 비단 나만의 경우만은 아닐 것이다. 그래서 큰 잔치에는 '소라도 한 마리 잡아라.'는 농담이 오고가는 것이 아니겠는가. 그래서 소는 사실상 우리에게 생명의 외연과 같은 존재가 되었다 하겠다.

그만큼 소에 있어서는 버릴 것이 없는 전천후 동물인 셈이다. 물론 '소발에 쥐잡기' '멍에 씌우기' 등 부정적 시각도 없지 않지만 말이다. 또 소는 우리들에게 교훈을 주기도 한다.

조선시대 어느 유생이 성질이 너무 급해서 늘 말썽을 일으켰다. 그때 어떤 서생이 그에게 새끼줄을 건네주면서, '이 소를 몰고 가게.' 하고 웃는 것이 아닌가. 물론 그 새끼줄에 소가 실제로 끌려가고 있는 것이 아니었다.

다만, 그런 시늉만 한 것이었다. 소를 몰고 가듯이 매사에 서둘지 말고, 천천히 행동하라는 우정 어린 충고였던 것이다. 이렇듯 온순하기 짝이 없는 소지만, 힘은 장사가 아닌가. 실지로 짐승 가운데 힘세기로 이름난 범과 싸움이 붙으면 소가 이긴다고 한다. 그런 소가 온순하기 한량없으니 과연 군자의 소질을 타고 난 것이 아니겠는가. 또 힘뿐만 아니라, 지혜롭기까지 하니 말이다.

실제로 누렁이라는 소는 자기를 키워왔던 김보배 할머니가 돌아간 후, 그의 무덤가에 찾아가서 눈물까지 흘리더라고 했다. 그래서 그 소가 죽은 후에는 장례식까지 지내주었다는 이야기는 유명하다. 어디 그뿐인가. 어느 농가에서는 빚 때문에 우시장에 소를 팔러 가면서 사람도 울고 소도 울었다는 일화도 전해 내려오고 있다.

언젠가 시인 변영로가 서울 변두리에 산책을 갔다가 돌아오는 길에 비를 만나 낭패를 당했다. 그 때, 마침 그 곁을 지나가던 소를 만나 그 소를 타고 서울 입구까지 들어오다가, 순경을 만나 시비가 붙었다는 일화까지 있지 않은가.

육류 중에 오직 소고기만이 유독 쇠고기로 일컫게 된 연유도 새삼스런 부적 같은 이야기가 되지 않겠는가. '황소 불알 떨어지면 구워 먹으려고 다리미에 불을 담아 다닌다.'는 속담까지 있고 보면 과연 황소의 고마움을 알만하다 하겠다.

사실 따지고 보면 소와 인간과의 촌수가 그렇게 멀지 않았다기보다 하나였다는 것을 알게 된다. 현재의 이란, 이라크, 시리아 지역을 포함하는 고대 근동, 또는 서아시아에서는 전통적으로 도시나 궁전 입구에 라마수(Lamassu)라는 반인반수(半人半獸)의 동물을 세웠다. 라마수란 수염달린 인간의 얼굴과 새의 날개, 그리고 황소 또는 사자의 몸을 가진 환상적인 동물을 말하는데, 궁궐의 사악한 기운이 들어오는 것을 물리치는 수호신 역할을 했다.

그래서 소와 우리는 본래 한 식구였다는 것을 알게 된다. 그래 엄마소도 얼룩소 엄마 닮았네.

행복론

원추리나물은 사람들의 근심걱정을 잊게 해준다고 한다. 꽃을 피우는 식물들이야말로 사실상 어떤 동물들보다 더 치열한 삶을 살아간다고 하지 않는가. 꽃이 바로 그것을 증명해 주는 증거라는 것이다. 진정 행복한 삶을 살고 있는 식구들을 생각해보면 우리들로서는 진정 부러운 존재라는 생각마저 든다.

사실 만물의 영장이라고 으스대는 인간, 그 인간 가치를 따져보면, 일곱 개의 비누를 만들 수 있을 정도의 지방과, 이천 이백 개의 성냥을 만들 수 있는 인(燐), 1인치 정도의 못을 만들 수 있는 쇠, 한 수저 정도의 유황, 기타 250그램 정도의 성분이 전부가 아닌가. 이러한 인간에게 행복이라는 공식이 있다면, 그것은 아마 사람마다, 또한 그가 처한 처지마다, 순간순간 자유롭게 생각을 달리할 수 있는 능력 때문일 것이다.

나는 내가 아니고 나의 것이며, 내 마음 또한 내가 아니고 내 것이다. 우리가 살다보면, 내 마음이 나라는 임자의 지시도 없이 제 멋대로 미친 듯이 날뛰는 경우를 경험하게 된다. 여기서 인간의 불행이 싹튼다. 정말로 웃기는 일이 아닐 수 없다.

하버드대학 긍정심리학자들이 연구 발표한 바에 의하면, 행복에 있어서 조건이란 사실상 없다는 것을 알 수 있다. 예를 들면, 수십억짜리 복권에 당첨된 사람과 몸을 다쳐 휠체어에 의지한 채 하루하루를 살아가고 있는 사람과의 행복지수를 비교분석한 결과를 보면 알 수 있다. 놀랍게도 그들 두 집단 사이에 별 차이가 없었다는 것이다. 사실상 복권에 당첨되어 일약 거부가 된 사람들을 추적 조사한 보고서에 의하면, 그들 대부분이 돈이 굴러들어오기 전보다 더 불행해졌다는 것이 아닌가.

어느 나환자가 자신의 처지가 너무 고달프고 불행한 나머지, 수십 년 동안 자학에 빠져 몸부림쳤다고 한다. 자기 스스로 불행하다, 불행하다 하고 전전긍긍 괴로움에 몸부림쳐왔다. 그러나 조금도 그러한 처지가 나아지기는커녕 그렇게 몸부림치면 칠수록 오히려 더 괴로워지는 것이 아닌가. 그래서 차라리 괴롭다는 마음에서 벗어나보자고 생각했다. 세상의 모든 괴로움을 초월한 성인 같은 모습으로 살자고말이다. 그렇게 오랜 동안 노력한 결과 그는 거의 해탈한 사람처럼 얼굴이 맑아졌다는 것이다. 그래서 이 사실을 안 어느 수녀는 자기가 괴로울 때마다, 이 사람을 만나러 온다는 이야기를 들었다. 그의 얼굴만 쳐다보면 괴로운 생각들이 눈 녹듯이 녹아내리고 평온해진다고 했다. 세상은 마음먹기에 달린 것이다.

괴롭다 괴롭다고 늘 상심하면서 산다고 해서, 그 괴로움이 없어지지 않는다. 오히려 괴로움이 더해지게 마련인 것이다. 그래서 괴로울 때마다 차라리 '기쁘다.' '기쁘다.' 하고 생각하면서 산다면 한결 마음이 가벼워질 수 있을 것이다. 행복은 사실상 생각하기에 달린 것이 아닌가. 언젠가 세계에서 제일 가난한 부탄 사람들이 이 지구상에서 제일 행복한 민족이라는 말을 들었다. 그 후 실제로 그 사람들이 어떻게 살고 있는가 하는 것을 취재한 현장을 목격한 일이 있다.

그들은 길을 가다가 길이 막혀, 햇볕이 드는 어느 담 밑에 자리를 폈다. 그리고 '아! 됐군. 오늘 밤 이곳에 와서 자면 좋겠군.' 하고 즐거워하는 모습을 본 기억이 떠오른다. 그들에게는 제 집에, 제 방에서 따뜻한 침대 위에 요를 깔고, 이불을 덮고 베개를 베고 잔다는 것을 상상할 수도 없는 일이었다. 진수성찬이란 단어도 없을 것은 뻔한 이야기가 될 것이다. 맛을 자랑한다는 속칭 모기눈깔요리니, 제비창자요리, 곰 발바닥요리, 열두 가지 맛을 낸다는 고래 고기 같은 것은 꿈도 못 꿀 일이 아닌가.

북극동물인 펭귄은 알을 낳을 때 얼음바닥 아닌 곳이 없기에 아빠 펭귄 두 발 위에 낳는다. 알이 부화할 때까지 날개로 알을 덮고 움직이지 않으며 몇 주일을 굶는다. 결국 아빠 펭귄은 죽고 만다. 흡사 가시고기와 같은 아빠의 운명, 그것이 인간의 숙명이라 하겠다. 그래서 부탄 사람들의 행복론을 우리가 배워야 할 것이라고 목청을 가다듬어 보는 것이다. 그까짓 사람의 가치가 몇 푼이나 되었다고 말이다. 그 때 문득 '행복을 반올림하라.'고 쓴 버스가 휙 먼지를 날리며 내 앞을 지나가고 있었다.

횡설수설

어느 날 갑자기 내 온몸이 수많은 구더기로 변해 버렸다. 끔찍했다. 그러다가 한 마리씩 한 마리씩 땅위로 떨어지는 것이 아닌가. 나는 기분이 나빠서 견딜 수가 없었다. 이 생각을 떨쳐버리기 위해 기도를 했다. 정신분석적 치료를 받기도 하고, 성직자에게 도움을 청하기도 하면서 온갖 노력을 다해 보았으나 소용이 없었다. 그래서 '그래 알겠네, 사람은 언젠가 죽어서 썩지 않는가. 마침내 구더기가 된다는 이야기겠지.' 하고 스스로 위로를 해보았지만, 마음이 괴롭기는 마찬가지였다. 글쎄 그 마음이란 무엇인가. 왜 나에게 이러한 마음이 습격을 해서 사람을 괴롭히는 것일까. 너무 견디기 힘들었다.

그 후 얼마나 지났을까, 아내가 반찬으로 미역을 주는 것이 아닌가. 그런데 그 미역은 군데군데 흰 반점들이 박혀 있었다. 미역부각이라고 했다. 그것을 보자, '앗! 이것이로구나, 흡사 구더기같이 박혀있다니.' 하고 놀랐다. 그 후로 그 구더기에 대한 흉측한 생각도 서서히 사라지기 시작했다.

갑자기 '사람은 왜 태어나서 살게 되었는가.' 하는 생각이 들었다. 참으로 새삼스럽고 어리석은 이야기가 아닐 수 없다. 그래서일까 프랜시스 처치란 사람은 '인간은 단지 벌레에 불과하다.'고 했는가 하면, 토마스 페리시안은 사람을 '짐승일 뿐'이라고 했다. 어찌 그 뿐이겠는가. 몽테뉴는 '미치광이'라고 했으니 말이다. 무인도에서 동료를 잡아먹은 이도 있었으니 더 할 말이 없게 된다.

자신의 손이나, 코, 얼굴과 허리 등을 망치로 때려 부수고 보험금을 타는 사람들이 있다. 일백칠십여 마리의 개들과 같이 사는 사람, 60만 원을 받고 딸을 팔아먹은 사람, 첩을 170명이나 거느린 중국사람, 환경미화원 직업을 못 잊어 평생 동안 미화원 복장을 하고 거리를 청소하는 사람들… 별별 사람이 다 있다. 남을 위해 대신 죽어간 세월호의 의사들, 자기 몸의 폐나 콩팥 등 장기를 남에게 다 떼어주고 빈 몸으로 기적같이 살아가고 있는 사람 등 순교자적 일생을 살아가고 있는 사람들도 없잖다.

조선시대 500년 간 당파싸움으로 젊은 사람들이 너무 많이 죽어 50대가 거의 없었다고 했다. 이 또한 슬픈 역사의 한 사례가 아닌가. 그런가 하면 멕시코에서는 길거리에서 웃는 사람만 보면, 자동차로 돌진하여 죽여버리는 사람도 있었다.

전쟁에서 두 다리를 잃은 보브위랜드는 두 팔과 엉덩이로 3년 8개월 6일 동안 미국 대륙을 횡단하였다. 그 집념을 알만하다 하겠다. 그만한 집념이라니 놀랄 만하지 않는가. 중국의 모택동 주석이 평생 동안 이 한 번 닦지 않았다는 집념에 비할까 싶다. 왜 이를 닦지 않느냐고 하니, 호랑이가 어디 이 닦는 것 봤느냐고 응수했다. 나름대로 이유가 있었을 것은 말할 나위도 없는 일이 아닌가. 역시 중국의 주원장은 늘 주먹을 쥐고 다녔다지 않던가.

글쎄, 뭐 사람이 주먹을 쥐고 다닌다고 해서 그것이 죄가 되겠는가. 미국 여성을 10년 동안 감금해 놓고 성폭행을 일삼았다는 그에게 징역 1,000년형을 선고했던 실례는 그럴 법도 하다 하겠다. 하지만 94세에 아이를 낳은 인도 여인의 건강도 놀랍다. 24년 동안이나 화장실에서 산 김경숙 할머니의 사연은 너무 억울하고 측은한 생각까지 든다.

월드컵 축구에 출전하는 선수들 중에는 다양한 미신을 믿고 있는 이들이 있었다. 스페인의 골키퍼인 이케르 카시야스 선수는 셔츠의 소매를 잘라서 입거나, 양말을 뒤집어 신는다. 우루과이의 루이스 수아레스 선수는 아들과 딸의 이름을 새긴 손목 문신에 입을 맞춘다. 포르투갈의 슈퍼스타인 크리스티아누 호날두 선수는 시합 전날에 머리를 새로 자르고 경기에 임한다. 축구에서 주심의 눈을 속이는 시

뮬레이션 액션(Simulation Action)의 경우도 없잖다. 물론 이런 일이 일상에서 통해서는 안 될 것이다. 이런 속임수가 통하지 않는 곳이 사랑하는 마음들이 아닐까 싶다.

사랑 때문에 머리를 깎은 일엽스님이나, 문둥이 시인 한하운, 현해탄에 몸을 던진 윤심덕의 원혼들을 누가 달래줄 것인가. 갑자기 어디선가, 엉겅퀴꽃 향기가 난다. 그래 어느 시인의 노래처럼 반골(反骨)의 꽃이다.

황동가리라는 물고기는 모두 수컷으로 태어난다. 그들은 성전환으로 번식을 한다.

그리운 돌섬

살다가 머리가 무거워지면 나는 즐겨 돌섬을 찾는다. 그래 그 돌섬이란 이름처럼 토끼마냥 만사 잊고 어린이들처럼 만사 뛰어놀고 싶은 탓일까. 우리 집에서 돌섬 가는 선착장까지 걷는데 약 이십 분정도 걸린다. 산책으로 적당한 거리가 아닌가. 이렇게 먼저 몸부터 풀게 된다. 또 배를 타게 되면 역시 20분정도 걸리게 된다. 갯바람을 온 몸으로 받으면서, 심호흡을 하면 어느새 목적지에 닿게 된다.

특히 국화 전시회라도 하는 시기가 되면, 늘 배는 만원이 된다. 오랜 만에 낯익은 벗들도 만나게 되고, 꽃바람 속에 아름다운 여인들의 꿈속 같은 이야기들도 도란도란 듣게 마련이다. 그 속에는 내가 좋아했던 지난 날 연인을 닮은 수줍은 순이의 얼굴도 보인다.

그렇다. 그러고 보니 묘한 인연도 생각난다. 돌섬에 들어가기 위해, 열을 서서 배편을 기다릴 때, 바로 내 앞에 섰던 여인이 있었다. 그런데 공교롭게도 4시간이 넘게 돌섬을 구경하고 돌아올 때, 역시 배를 기다리는 데, 바로 내 앞에 서 있는 것이 아닌가.

그런 우연은 얼마나 어렵겠는가. 그래서 우리는 서로 쳐다보면서 싱긋 웃었다. 지금 생각해 보니, 그때 어디서 차 한 잔이라도 같이 하자고 약속이나 해둘 것을 하는 아쉬운 생각이 난다. 우리는 이런 경우를 두고 인연이라고 했는지 모를 일이다.

영국 왕립 결혼연구소에서 발표한 바 있다. 길을 가다가 서로 눈이 마주쳐 순간 전류에 감전된 듯 같이 사랑하게 되었다면 그것이 이상적인 사랑이라고 말이다. 그러고 보니 또 생각나는 사람이 있다. 궐녀(厥女)와 같이 돌섬을 한 바퀴 돌면서 많은 이야기를 나누었다. 처음 그녀를 만났을 때는 어느 산책길에서였는데, 우리는 작은 개울을 건너게 되었다. 그때 그녀가 나에게 손을 내밀었다. 손을 잡고 내를 건너 긴 이야기를 나누면서 돌섬을 한 바퀴 돌았다.

그렇게 우리는 일생을 사는 동안 많은 사람들과 만나고 헤어지면서 이승을 살게 된다. 그 가운데서, 가장 오랜 동안 같이 살게 되는 사람이 가족인 셈이다. 목숨까지 내어줄 수 있는 벗이 있다면, 그는 하늘의 축복을 받은 사람일는지 모른다. 세상에는 남을 위해 대신 죽어간 사람 또한 얼마나 많은가. 이번 세월호 사건 때도 그런 이들이 몇몇 있었으니 말이다.

세상에 가장 복된 사람은 그와 같은 벗을 얼마나 가졌나에 따라 결정될 일이 아닐까 생각된다. 돝섬에는 온갖 먹을거리와 난(蘭)이나 수석 전시회, 동물원 등 볼거리가 너무 많다. 그래서 돝섬은 나에게 그리운 화두다. 싯다르타는 그의 저서 ≪질량 불변의 법칙≫에서 말했다. 우리가 쏟아 부은 사랑은 결코 사라지지 않는다고 말이다.

독일의 석학 베르너 사세는 '한국 사람이 〈강남스타일〉에 열광하는 것은, 한국인이 자국의 문화와 역사에 대해 매우 불안한 무의식을 갖고 있는 탓'이라고 했다. 우리는 이제 더욱 성숙한 놀이에 길들여져야 할 것이다. 새들은 강한 바람이 불 때, 집을 짓는다고 하지 않던가.

강한 바람에도 견딜 수 있는 튼튼한 집을 짓기 위해서다. 사랑의 열정, 그 건강한 놀이문화가 이 땅을 열광시킬 날이 올 것을 바라마지 않는다. 그리운 돝섬의 추억, 그 아름다운 꿈의 이랑을 여기에 수놓아 보는 것이다.

그리운 사람

사람에게는 누구나 자기가 제일 그리워하는 사람이 있게 마련이다. 우선 그를 낳아준 부모님이 그 첫째가 될 것이다. 그리고 형제들과 이웃들. 이외 우리가 살아가는데 많은 은혜를 끼쳐준 이들, 그리고 은사들 등, 우리는 적잖은 사람들의 도움을 받으면서 살아가게 마련이다. 사람들은 언제 어디서나 사람들의 도움 없이는 살아가기 어려운 존재인 것이다.

그래서 사람을 일러 인간이라고 했다. 인간(人間) 즉 사람과 사람들 사이란 뜻이 아닌가. 사람에게 헌신이라는 미덕이 강조되는 것도 따지고 보면, 이와 같은 인간 본성 때문이라 하겠다. 인간에게 남을 위한 헌신이라는 덕목이 없다면, 짐승과 별로 다를 바 없을 것이다.

남을 위해 자기 목숨을 기꺼이 내어놓을 수 있는 존재, 즉 자기 희생과 헌신의 미덕을 우리는 기억하면서 살고 있다. 내가 일제로부터 나라를 지켜온 독립 운동가들의 희생

위에서 살아가고 있듯이 말이다.

세월호 침몰사건 당시, 승무원 박지원 씨는 학생들에게 구명조끼를 입혀주었다. 그때, 학생들이 "언니도 같이가요." 하고 손을 붙들고, 배 밖으로 나가자고 재촉했다. 그러나 그녀는 "너희들 다 구하고 언니는 맨 나중에 나갈게." 하면서 마지막까지 아이들을 챙겼다. 그러는 사이 그녀는 차디찬 바다에서 시체로 발견되었다.

나는 한 동안 박지영이라는 이름을 생각할 때마다 눈시울이 붉어졌다. 지금도 나는 이 글을 쓰면서 눈물을 참고 있다. 나는 그를 위해 기도하고 있다. '주여, 남을 위해 목숨을 바친 그녀의 영혼을 구하여 주소서. 아멘.'

가끔 국립 대전현충원에는 편지가 배달된다. 지난 17년간 1991년에 가평에서 군복무중 전사한 병사에게 배달된 편지는 현재까지, 무려 400통이 넘는다고 했다. 그만큼 사람의 정은 끝이 없는 것이 아닌가. 편지를 보낸 이는 한 평생 동안, 사회봉사 생활을 하면서 살고 있다고 한다. 그리운 사람을 대신한 사회에 대한 헌신인 것이다. 그래서 가톨릭교 같은 곳에서는, 이들과 같이 우리가 영원히 잊지 않고 기려야할 덕목을 갖춘 사람들을, 성인으로 추대하여 추앙하고 있는 것이다.

우리 평범한 사람들이 비록 성인품에 들만큼 노력하면서 살기는 힘들 것이다. 그렇겠지만 인간 악마로 살아가서는 안 될 것은 말할 나위도 없는 일이다. 그런데 어쩐 일인지 요즘은 눈만 뜨면, '묻지 마, 살인이다.' '내가 처음 마주치는 사람부터 죽일 것이라.'는 등 사람 죽이는 것을 무슨 장난처럼 생각하면서 실행하고 있는 이들이 나타하고 있으니, 다만, 어안이 벙벙할 뿐이다.

꼭 무슨 사람 죽이기 연습이나, 내기라도 하듯이 말이다. 그렇다. 이제 세상만물 중에, 제일 못난 것이 인간이 된 셈이다. 동물들은 자기가 잡아먹어야 할 생태계 내에서 살생을 할 뿐이다. 그것은 살생이라기보다 생태계에 있어서 하나의 질서가 아닌가.

어느 날, 내 연구실에 낯선 여인이 찾아왔다. 말 한마디 전하고 싶어 왔다고 했다. 무슨 말이냐고 하니, 빙그레 웃다말고, "오랜 동안 선생님을 좋아했습니다. 이 말 한 마디를 드리고 싶었습니다. 안녕히 계십시오, 그리고 늘 건강하십시오."

한 2분 정도 걸렸을까. 그녀는 그 길로 내 곁을 떠났지만, 그녀가 남긴 말은 아직도 내 머리 속에서 속삭이고 있다. 이 해인 수녀가 암 투병을 하면서, '살면서 당연하게 받아들일 일들을 기적처럼 놀라워하라.'고 했던 것처럼 말이다. 그렇다. 기적처럼.

그대를

향해 나는

넝쿨입니다.

잡지도 못하는,

그리움입니다.

—〈설중매〉; 도상태

그렇다. 우리는 모두 너와 나의 그리움이다. 내가 만난 세상의 모든 그리운 사람들을 위해, 나는 이승에 태어나서, 지금 살아가고 있는 것이다. 그리운 이들이여, 만세 삼창.

유행가 유감

우리나라 사람들은 그 어느 민족보다 노래 부르기를 좋아한다고 정평이 나있다. 그것은 전국의 노래방을 살펴보면 짐작이 가는 일이다. 이른바 노래방 문화 말이다. 한국 사람들은 일단 놀러간다고 하면 역시 거기에는 노래가 곁들여지게 마련이다. 방송매체를 보면 반드시 '가요무대'가 등장하게 되는 것이 아닌가.

그렇다. 가무문화다. 우리가 아마존 유역에서 문명을 등지고 사는 민족들은 보면, 그들이 대부분의 시간을 가무 즉 춤추고 노래 부르는 데 보내고 있는 것을 보게 된다. 그런 실례들은 이른바 무천(舞天)이라는 우리 고대 국가들의 가무의 역사를 보아도 알 수 있는 일이라 하겠다.

그래서 누구든지 이른바 18번 두세 곡쯤은 다 갖고 있는 것이 아닌가. 나도 젊었을 때는 술기운을 빌어 노래를 부르면서 벗들을 많이 웃겼던 이력을 갖고 있다. 벗들끼리 노래판이라도 벌여, 내 차례가 되면 의례 모든 이들이 우르르

내 옆으로 밀려나오게 마련이었다. 아예 춤출 준비를 하기 위해서다.

나는 신나는 노래만을 부르기 때문이다. 물론 거기에 따른 몸의 동작도 곁들이게 된다. 그러한 모습이 많은 사람들을 흥겹게 하는 모양이다. 우리보다 조류의 세계에서는 사실상 모두 노래의 명수들이 아닌가. 소월의 시에 나오는 접동새를 비롯하여, 꾀꼬리, 종달새, 구관조, 부엉이 등등 헤아릴 수 없이 많은 새들이 모두 명창들임은 말할 나위도 없는 일이다. 그들의 일생은 노래로 엮어져 있는 것이 아닌가.

그 외 동물들도 혹시 노래하는 종류들이 있는지 필자가 과문한 탓인지 잘 모른다. 그러나 노래하는 개가 있다는 글은 읽은 기억은 있다. 경남에 거주하는 어느 여류 수필가는 〈노래하는 람보〉라는 수필을 썼는데, 자신이 기르던 개 람보가 곧잘 노래를 불렀다고 했다. 다른 개처럼 짖는다는 것이 약 4, 5초가량 흡사 노래를 부르듯 묘한 소리를 읊는다는 것이 아닌가. 그곳 사람들에게는 다 노래 부르는 개라고 정평이 나 있다고 한다.

나는 이 노래에 대해서는 남보다 할 말이 많은 사람일는지 모른다. 노래에 관한 수필을 두 편이나 썼기 때문이다. 사실 내가 초등학교에 다닐 때는, 음악시험은 노래를 한 곡조 부르는 것으로 대신했다. 나는 그때 자타가 공인하는 음치로 통했다. 그래서 나의 음악점수는 늘 하위를 면하지 못했다. 그 음악점수 때문에 마음이 불편했던 기억이 지금까지 잊혀지지 않는 것을 보면 말이다.

지금도 노래를 불러야 할 처지가 되면, 곤혹스러워진다. 절창(?)이 아니면 음치라는 양 극단을 늘 왔다갔다 하기 때문이다. 어느 선생은 나의 노래 실력을 보고 '남인수보다 더 잘 부른다.'고 했는가 하면, 어느 여학생은 '그 지긋지긋한 패잔병의 신음 소리'라고 몹시 지겨워했으니 말이다.

말할 것도 없이 웃음과 울음은 상극이 되는 단어이다. 그러나 동양의 고전에 나오는 장자(莊子)는 아내가 죽자 곡(哭) 대신 노래를 불렀다고 했으니 묘한 여운을 남긴다 하겠다. 이인호가 지은 ≪장자, 분방한 자연주의자의 우화≫라는 책을 보면, '장자의 아내가 죽었기에 혜사가 문상을 왔다. 장자는 마침 두 다리를 쭉 뻗고 앉아 질그릇 장구를 두들기며 노래하고 있었다.'고 기록되어 있으니 우리는 여기서 장자의 사생관을 짐작할 수 있게 된다 하겠다.

봄꽃이 지고 나니
허전한 오후였다
노인이 그늘에서
색소폰을 불고 있네
묻혔던 피 같은 사연

한없이 뿜어낸다

슬퍼서 아름다운
인생의 뒤안길이
—지성찬의 시, 〈색소폰을 부는 노인〉에서

'인생을 노래하라.'라는 말을 우리는 자주 듣는다. 그만큼 '신나고 즐겁게 살아라.'는 뜻이리라. 우리가 서두에서 보았다. 아마존의 밀림, 그 원시의 들판에서 남녀노소 할 것 없이 한데 어울려 신나게 춤을 추고 노래를 부르면서 살아가고 있는 모습을. 그 한바탕 음률 속으로 한 세상 꿈처럼 흘러가고 싶다.

'가기 전에 떠나기 전에, 하고 싶은 말 한 마디를….'

네잎클로버

—암과 싸우면서

'암입니다. 계단을 내려가실 때, 조심하십시오. 많은 이들이 암이라는 말을 듣고, 그 충격으로 병원 계단을 내려가다가 떨어져 다치는 경우가 많았기에 드리는 말씀입니다.' 하고 웃는다.

사실 나 자신도 이 말을 듣고, 처음에는 실감이 나지 않았다. 왜 하필 내가 암에 걸리다니, 병이란 사실상 스트레스에서 온다고 하지 않았던가. 나는 정기 건강검진도 빠짐없이 받았고, 스트레스라는 것도 모르고 살아왔다고 감히 스스로 자부해 왔다. 그런데 뭔가 잘못된 것이 아닐까 하는 묘한 기분이 드는 것이었다.

병원에 입원을 하고 위를 삼분의 이 가량 끊어내는 대수술을 받았다. 처음에는 영양주사만 맞고, 그 다음에는 물만 마시고, 묽은 미음을 먹고, 죽을 먹고, 역시 진밥을 먹고, 이제 웬만큼 밥을 먹고 있지만, 아직 거칠게 먹는 것은 삼가고 있다.

위암을 수술한 사람은 먹는 것이 늘 문제다. 안 먹으면 죽기 때문에, 늘 살기 위해 먹어야 한다는 강박관념에 시달리게 된다. 퇴원을 해서 다시 병원을 찾게 된 이들 중 한 분은 깻잎에 낙지를 싸서 먹다가, 소화가 안 돼 고생했다고 한다. 그는 또 찰떡을 먹다가 위장이 막혀 오기도 했다면서 코에 호스를 꽂고 검은 피를 흘리고 있었다.

나는 지금 '살기 위해 먹느냐, 먹기 위해 사느냐' 하는 원초적 물음 앞에 전전긍긍하고 있는 셈이다. 하루 세 번 식사를 하고 약을 먹고 한 시간쯤 지난 후부터 운동을 한다. 하루에 세 번씩 운동기구를 이용하여 운동을 한 후, 한 시간정도 산책을 한다. 이런 일과가 규칙적으로 한 달 넘게 반복되니 사실상 병상일지가 된 셈이다.

산책을 하는 일이 삶의 일과가 되면서 생활이 무료하다 못해, 사는 일이 죄스럽다는 생각까지 드는 것이 아닌가. 산책길에 네잎클로버를 찾으면서 희망도 같이 낚았다. 그 동안 찾아낸 네잎클로버는 모두 스물여덟 개다. 그 중 다섯 잎 클로버가 둘, 빨간 색깔의 클로버가 하나 섞여있다. 잎이 둘밖에 없는 것도 발견했다.

사실 장미 등, 꽃이나 일반 식물 같은 것은 돌연변이가 자신의 단가를 높여주기 마련이다. 클로버를 보면 거의가 세 잎이다. 그것이 정상인 것이다. 그래서 네잎클로버나 다섯 잎, 그리고 두 잎 혹은 붉은 잎 클로버는 별종 즉 사람으로 치면 병신인 셈이다. 이렇게 정상이 아닌 비정상품이 인기를 끌게 된다. 우리 사람들과 정반대의 현상이 일어나는 것이다. 나 자신이 암에 걸렸다는 것은 결국 정상을 벗어난 탓이다.

내 생활, 나의 정신이 정도를 잃은 탓이라 하겠다. 그렇다. 병은 사실상 정상으로 돌아가라는 신호인 것이다.

내가 처음 '암입니다.' 하고 진단을 받았을 때, '괜찮다. 괜찮다. 괜찮다.' 하고 세 번 나의 뇌를 두드리던 마음속 교회 종소리가 들려, 나는 빙그레 웃으면서 '그래, 괜찮고 말고.' 하고 스스로 자위했던 기억이 지금도 새롭다.

어느 분은 나를 위해 금식기도까지 했다고 한다. 너무 감동해서 그분을 만나 정중히 인사를 드렸더니, 그것이 사람 사는 이력이라며 웃는 것이 아닌가. 지금 곰곰 생각해 보니, '네잎클로버의 추억'이나 '괜찮다' 고 외치던 범종소리, 그리고 '기도의 여운'들, 이 삼위일체의 위력이 내가 암을 이겨내는데, 큰 힘이 된 것은 말할 나위도 없는 일이다.

이제 수필의 끝내기를 서두르면서 꼭 적어 두어야 할 두 가지 황금률이 있다. 그것은 말할 것도 없이 나의 병간호를 위해 늘 새우잠을 자야 했던 집사람이다. 그리고 한 사람은 큰며느리다. 비오는 밤길에도 차를 몰고 달려야 했던 노고와 정성을 두고두고 잊지 못할 것이다.

이제 나도 수필을 가르칠 진짜 자격을 얻지 않았나 싶다. 수필이 체험을 이야기하고, 인생에 대한 자기 나름의 해석을 하며, 그 작은 깨달음을 말하는 것이라면 말이다. 다섯 군데나 배에 구멍을 뚫고 위를 잘라내는 처절한 죽음의 문턱에서 신음해 보아야 하는 것이 아닌가. 쇠도 불에 달구어져야 강해지듯이 '고난이 능력이 되는' 지혜를 익혀가야 하리라. 앞으로도 늘 네잎클로버의 꿈과 희망을 업고, 여명(黎明)의 불씨를 지펴갈 것이다.

눈물로 쓴 수필

우리가 잘 알다시피 실존주의 철학자들은 '인간은 바로, 자기가 자기를 만들어 가는 존재,' 즉 실존적(實存的) 존재.' 라고 말하고 있다. 그래서 본능에 따라 살아가는 다른 존재들하고는 차별화를 이루는 셈이다. 이와 같은 입장에서 볼 때, 오늘날과 같은 인간의 타락, 즉 동물화는 인간 즉 그 문화적 비극이 아닐 수 없다.

우리 인간의 고통은, 사실상 우리 인간들의 죄 때문임을 말할 나위도 없는 일이다. 카인의 후예가 아니더라도, 인간 역사는 바로 살육의 역사였으니 말이다. 인간의 비극은 자신들이 저질은 죄과의 업보인 것이다. 그래서 '인간은 자신이 무엇인가를 찾는 물음'이라고 인간을 정의한 학자도 있었던 것이 아닌가. 인간은 완성품이 아니라, 미완성품인 것이다. 스스로 자기를 만들어 가는 존재, 그래서 인간은 성인(聖人)도 되고, 악마도 되는 것이 아닌가. 불교의 이른바, 업의 소멸을 위한 용맹정진, 즉 기도는 이러한 인간의 향방을 잘 말해주고 있다 하겠다.

그래서 전국 곳곳을 돌아다니며, 얻어먹었던 거지가, 의사가 되고, 목사가 된 인생 역전의 이야기는 우리를 매우 감동하게 하고 있다. 그가 맹인 안마사시절 겪었던 암울한 생활의 절망적 참상들을 생각해 보면, 이 글을 쓰면서도 눈시울이 뜨거워진다. 몇 번이나 우물에 빠져 죽으려고, 뛰어들었다 하니, 그 절박했던 생활상을 짐작하고도 남는다 하겠다.

그는 맹인학교에 못 들어가, 대학교육국장을 서른 세 번이나 찾아갔다. 그러나 입학이 허락되지 않자, 식칼을 들고 가서 함께 죽자고 휘둘렀다. 이 사실이 신문에 크게 보도되자, 이를 계기로 해서 그에게 마침내 입학이 허가되었던 것이다.

그는 이어 숭실대를 나오고, 장로교 신학대학원을 졸업했다, 미국맥코믹대학에서 박사학위도 받았다. 그가 의사가 되어, 무료진료를 해준 인원만 40만 명이나 된다니, 가히 그의 인간다운 면모를 알만 하다.

이와 같은 인생역정이 보여주듯이, 그의 결혼 또한 예사롭지 않았다. 서울남대문 시장에 불이 났다. 이 불로 인하여 남대문 시장이 거의 다 타버렸다. 그런데, 공교롭게도 이 불길이 어느 집 앞에서 꺼져버리는 것이 아닌가. 그래서 이 거지 성자는, 그 집 처녀와 결혼을 한 것이다. 그는 훗날 마침내 유명한 막사사이상까지 받게 되었다.

이와 비슷한 이력을 갖고 있는 분으로 보보위랜드라는 사람도 있다. 그는 전쟁에서 두 다리를 잃었다. 그래서 그는 두 팔과 엉덩이로 기면서, 3년 8개월 6일 동안에 미국대륙을 횡단했으니 말이다. 그는 기자들의 질문에, '나에게 두 다리는 여분입니다.'라고 말하면서, 웃었다.

여기서 필자는 이른바, 성공인생을 소개하고자 하는 것이 아니다. 과연 우리가 세상을 어떻게 살아가야 할 것인가 하는 마음가짐, 그 사례들을, 들어보고자 하는 것이다. 강헌구 교수는 '가슴 뛰는 삶'이라는 특강에서, 꿈을 하루에 15번 쓰면, 그대로 이뤄진다고 말한 바 있다. 강 교수는 이를 '마법의 문장'이라고 했다. 운전면허 시험에 773회나 도전한 차사순 여사의 용기는, 우리들의 가슴을 뜨겁게 하는 삶의 진정한 모습이 아닐까 싶다. 나는 늘 그 생각만 해도 가슴이 뛴다.

강 교수는 '나는 넓은 집으로 이사한다.'가 아니라, '나는 2016년 9월 20일, 60평 아파트로 이사한다.'와 같이 구체적으로 적어야 한다고 했다. 이를 액자나 현수막으로 제작해서 걸어놓으라고 한다. 심한 말더듬이인 대학 2년생 마커스 힐이 교수의 제안에 따라, 웅변대회에 참가하여 챔피언이 된 일화는 우리들에게 많은 것을 생각하게 하고 있다.

괴테는 '모든 색체는 빛의 고통'이라고 했다. 그렇다면,

우리는 눈물과 피와 정액의 고통도 생각해 보게 되는 것이 아닌가.

네가 보고 싶다./ 병아리가 어미닭을 따라/ 세상나들이를 가듯 / 기적이 우는 곳에서 너를 만나고 싶다./ 새가 되면 너의 집 빨랫줄에 앉아/ 실컷 너를 훔쳐볼 수 있을까./ 잠자리가 되면, 귀뚜라미가 되면,/ 너의 창가에 누워, 실컷 울어볼 수 있을까…. 벼락 속에서도 너를 만나보고 싶다.

—졸시, 〈위안을 받거든〉에서.

이제, 눈물로 쓴 이 수필은, 눈물이 아닌 피로 쓴 수필로 탈바꿈하게 되기를 바란다. 자기 아들을 죽인 사람을, 자기 집에 입적시켜 양육한, 손양원 목사의 숭고한 정신처럼 말이다.

연보

약력 및 문단 경력

1934. 3. 4	일본 나가노에서 태어나 경주에서 자람.
1947.	경주 월성초등학교 6학년 전교 수석 졸업. 동시를 씀.
1947~1953.	경주 중학교 및 경주고등학교 졸업. 노력상 수상.
1957.	경북대학교에서 영문학을 전공함.
1966~1974	국가 공무원으로 봉직.
1974~1994	경남대학교 도서관 부관장 역임.
1978.	≪수필문학≫ 수필 〈인정〉으로 문단 데뷔.
1982.	≪현대문학≫ 시 〈꿈〉으로 데뷔.
1985.	≪현대시학≫ 시 〈현상 붙은 시〉로 추천완료.
1986.	경남대학교 교육대학원에서 국어교육을 전공함. ≪시와 의식≫ 문학평론 신인상 당선.
1992~	≪수필문학≫ ≪월간문학≫ 등 20개 문예지에 수필월평, 계간평, 시평을 씀.
1993.	영국 ≪International who's in poetry and Encyclopaedia≫에 등재.
1994~2000.	창신대학 시창작 외래교수.
1994~1995.	마산문인협회 회장.
1994~1998.	시민 문화대학, 창원 시립도서관, 마산시청 여성문화교실, 진주문인협회, 진주교육대학교 교원연수원 등 수필 및 시 창작반 강사.

1995. 경남매일 논설위원.
1998~1999. 경남 가톨릭문인협회 회장.
1998~2001. 경남대학교 문과대학 교수.
1999. 경남 여성신문사 논설고문.
1999~2007. 『올해를 대표하는 문제수필』 편집위원.
2002~ 경남대학교 교육원 수필창작 전담교수.
2003~2005. ≪選수필≫ 선정위원.
2006. 한국문인협회 인권옹호위원.
2007. 시사랑문화인 협의회 회원.
2014. 한국실험수필문학회 회원.
2015. 문학신문 문인회 이사.
현재 한국문인협회, 국제펜클럽, 한국시인협회, 한국현대시인협회, 한국수필가협회, 한국수필학회, 한국수필문학회 이사, 한국문학진흥회 이사, 한국문학비평가협회이사, 한국비평문학회 이사, 경남문학비평가협회 회장.
International poets Academy 및 Modern poets Society 회원.

주제발표

제 1회 한중 수필심포지엄 한국측 주제 발표.
제 1회 한국에세이작가연대 전국대회 주제 발표.
제 1회 〈창작수필〉주최 수필세미나 주제 발표.

제 30회 한국수필가협회 주최 수필심포지엄 주제 발표.
미주한인문인회 초청 수필주제 발표.
제 3회 〈한비문학〉 주최 수필심포지엄 주제발표 등 국내외 수필 심포지엄 등 다수

수상
1987. 교육부 장관상.
1990. 마산시 문화상, 시와 의식 문학상.
1991. International poets Academy상.
1995. 수필문학상 대상.
1998. 예술인상 특별상. 경상남도 문화상, 경남문협 우수작품상.
2000. 한국수필문학상.
2002. 한국수필문학대상.
2007. 우수도서상(수필집 ≪흔적≫)
2012. T.S 엘리엇 문학상 금상 수상.
2014. 경남수필문학상.

문학상 심사위원
제 26회 한국수필문학상 심사위원, 경남신문 신춘문예 심사위원, 연암 박지원 문학상 심사위원, 에세이문예작가상 심사위원, 제 3회 청강문학상 심사위원, 경상남도 문화상 심사위원, 제 1회 전국 다문화가족 문예작품공모 심사위원. 외.

저서

1982. 수필집 ≪닮고 싶은 유산≫
1983. 수필집 ≪우정은 노을처럼≫(공).
1986. 시집 ≪인당수에 부는 바람≫
1986. 수필집 ≪그리운 이름으로≫
1998. 연구서 ≪수필문학의 연구와 비평≫
1999. 연구서 ≪수필문학의 연구와 비평≫ 개정판
시집 ≪생각 안에 너는 있고≫
수필집 ≪사랑과 죽음의 상송≫
비평집 ≪비평언어와 사상의 유희≫
2001. 교음사 대표작가 수필선집 ≪인어들의 첫사랑≫
2005. 연구서 ≪좋은 수필 쓰는 법≫
2006. 연구서 ≪좋은 수필 쓰는 법≫ 개정판
수필집 ≪흔적≫
2007. 문하생 붓꽃 문학회 창립 ≪문예사랑≫창간호 펴냄.
2008. 연구서 ≪정목일 수필연구≫
좋은수필사 수필선집 ≪情≫ 현대수필가 100인선
2010. 시집 ≪이상의 똥≫
2017. 선우명수필선 ≪가면서 같이 가자≫